U0123679

新股市絕學②

線型在說話

東山著

大秦出版社

東山重要消息

繼「股市絕學實戰教學」班後，東山即將於2011年1月起推出更上一層樓的全新教學課程：

進階班 盤中實戰學

詳細課程內容請看本書 p. 3～6。開課時間及報名方法隨時於網站公佈

ps. 有關作者東山所有重要消息如：開課、招生時間、出書、作品發表、受訪……均會於大秦出版社網站公佈

大秦出版社網址：www.da-chin.com
2010. 11. 25

東山2011年1月起將推出全新教學課程

進階班 盤中實戰學／東山主講

壹、股市贏家七大法

1.順勢藉勢不逆勢

　a.多頭行情

　b.空頭行情

　c.盤整行情

2.快速轉換思考邏輯

　a.空轉多

　b.多轉空

3.永遠盯緊老大的動向

4.從線型選股

5.非強勢股不買

6.精準調配資金——

　小量試溫做對加碼

7.由盤面找切入點——

　來得早不如來得巧

貳、怎麼做功課？

參、如何解讀線型？

1.如何判斷多頭行情

　盤頭不成反成底

2.如何判斷空頭行情

　盤底不成反成頭

3.如何判斷盤整行情

　盤底盤頭皆不成

肆、股市陷阱

1.多頭市場的空頭陷阱——

　回檔

2.長多股之拔檔點

3.飆股之賣點①長黑收盤

4.飆股之賣點②不收最高

5.飆股之賣點③不按例開最高

拾玖、尾盤加掛的意義？

貳拾、主力的盤中陷阱

報名方法：
上課費用：22,400 元
開課日期：網站公佈
上課時間：每星期日下午 1：30 至 5：30
　　　　　連續四週／共 16 小時
上課地點：台北市忠孝西路 50 號 21 樓之三
　　　　　（台北車站正對面）
主辦單位：大秦出版社
聯絡電話：(02)2211-7491
傳　　真：(02)2211-7493
網　　址： www.da-chin.com

新股市絕學② －線型在說話－　目　錄

最宏觀的戰略
最靈巧的戰術

股市絕學 VCD①

東山主講　2000 年 8 月錄製
全套十片　每片平均約 50 分鐘

包含十大單元
1. 不敗的鐵布衫——四大決勝戰略
2. 最佳多空指標——平均線
3. 決戰前的料敵致勝——多空研判
4. 空頭行情的操作策略
5. 空頭選股操作
6. 多頭行情的操作策略
7. 多頭選股操作
8. 如何打敗盤整行情
9. 極短線操作
10. 如何尋找底部

定價 6,000 元
實售價 4,000 元現貨供應

有了戰略　更要有戰術
第１集告訴您致勝的大原則
第２集則教您達成勝利的方法
所以　看過第１集　更不可錯過第２集

股市絕學 VCD②

東山又於 2001 年 7 月完成的另一套最新力作，
　全套 11 片，平均每片 50 分，第 11 片 40 分

內含 17 個重要單元：

1. 進場之前先做什麼？
2. 怎麼看線路圖？
3. 均線的四個重要多空訊號？
4. 如何掌握短線多空易位？
5. 第一時間定多空——總論穿頭與破腳
6. 如何賣在上漲行情的高點？
7. 什麼才是好股票？
8. 箱型整理的玄機
9. 當行情由全空反彈時的先落底股……
10. 上波強勢股本波？勢股？

定價　6,600 元

實售價 4,400 元／現貨供應

打通股市量價任督二脈
接軌財神爺鈔票滾滾來

股市絕學 VCD③
量價合判

所有的市老手都知道，量與價是股市的任督二脈，也是決定多空方向的二大主軸，弄通了它，就等於和財神爺接上軌，搬金取銀，隨性隨心。

　　然而，想和財神爺拉關係、套交情，可不是那麼容易的事，因為量價間的變化牽扯，複雜萬端，就好像孫子兵法中所謂的奇兵與正兵般「奇正相生，如環之無端」，量價間不同位階的互動，有不同的意義，如何解讀其結構，掌握多空致勝最重要的關鍵，請看「量價合判」所做的精密剖析。

2002 年 11 月錄製／東山主講
全套 11 片，每片約 50 分鐘

全套共計十個大題：
① 籌碼安定與否主導股價多空
② 是看個股呢？還是看大盤？
③ 解構逢低買進與逢高賣出的玄機
④ 解構個股爆大量的玄機
⑤ 看價選股 a──多頭初起的選股

⑥看價選股 b──多頭確定後的選股

⑦看價選股 c──多頭結束後的空頭選股

⑧最強烈的多頭訊號

⑨最強烈的空頭訊號

⑩空頭市場中的多頭陷阱

定價 6600 元　實售價 4400 元現貨供應

VCD①②③一次合購特別優特：
原總價 12,800 元 只收 9,900 元

購買辦法：

①本系列坊間不售，台北地區專人送貨收款，
　請電(02)22117491，24h 內送達。

②外埠請劃撥 10898165 李張慧民帳戶。
　劃撥後，請註明：姓名、地址、電話，連同收
　據傳真至 22117493(24h)，24 小時內掛號寄。

③也可以另加 150 元，指定「郵局貨到付款」
　服務，請電(02)22117491。

東山 15 年來最具震撼性全新力作

股市有史以來最細膩、最獨特、最全面的看盤技巧
除盤中走勢迷霧，點破盤中量價玄機，掌握後市多空

股市盤機ＣＤ出版了

個股盤中強弱解讀與盤中選股／個股與大盤盤中
高低點掌握／由盤中走勢判斷後市多空／當沖／
漲停多空與跌停多空的判讀……等所有看盤技巧

　　無論多空，沒有盤中強（弱）勢，就沒有多
（空）頭排列，沒有多（空）頭排列，就沒有波
段行情。
看盤能力是股市操作最重要的基礎，看不懂盤，
就看不懂線，看不懂線，就會搞不清多空，搞不
清多空，就會腦袋空空，腦袋空空就會兩邊挨轟
，口袋空空。
　　然而，無論大盤或個股，盤中走勢往往迷霧重
重，禍福相倚，利機與殺機交錯於其中，只有把盤

13

看懂，才能避開殺機抓住利機，把股市變提款機。

這套「股市盤機」ＣＤ，是東山於 2003 年 10 月 12 日到 11 月 16 日，花了一個多月時間錄製完成的最新力作——絕不重複的全新內容，聞所未聞的觀點、見所未見的技巧……，保證讓您省悟：**原來盤是這樣看的！股票是這樣做的！**

東山主講／全套共 17 片 CD／另附講義：菊 8K(A4)一百餘頁，內含 162 幅個股、大盤盤中走勢圖及日Ｋ線圖（只送不賣）

全套共計 12 個大講題

1. 漲停成交的強弱多空研判——一樣的買賣漲停不一樣的多空後市（第 1,2 片）。
2. 最強勢的多頭漲停板（第 3,4 片）。
3. 漲停打開和跌停打開（第 4,5,6 片）。
4. 跌停打開的多頭機會（第 6 片）。
5. 個股盤中強弱勢的觀察與判斷（第 7,8,9,10,11,12 片）
   (1) 個股和昨天的走勢相比（第 7,8 片）。
   (2) 個股後半場和前半場相比（第 8 片）。
   (3) 個股和大盤相比（第 9,10）。

(4) 個股和所有其它的個股相比（第 11,12 片）。

6.跌停必開觀察法（第 12 片）。

7.可以期待的漲停打開（第 13 片）。

8.最恐怖的多頭陷阱——盤中假多頭大買單(第 14 片)。

9.什麼情況下該當沖（第 14 片）。

10.開盤跳空與盤中補空（第 15,16 片）。

11.大量在下與大量在上（第 16,17 片）。

12.個股盤中瞬間巨量的短線多空解讀（第 17 片）。

實售價 5,100 元　　現貨供應

購買辦法：

1. 本系列坊間不售，台北地區專人送貨收款，請電(02)22117491。

2. 外埠請劃撥 10898165 李張慧民帳戶。劃撥後請將收據附上：姓名、地址、電話，直接傳真至 22117493(24h)即可先掛寄。

3. 也可以另加 150 元採「郵局貨到付款」方式，方法是：
   ①直接來電聲明訂購。②傳真個人資料（性名、電話、地址）至(02)22117493 聲明採「郵局貨到付款」方式訂購即可。

「從進場到出場」CD
東山主講╱全套四片╱實售 1,200 元

本 CD 是東山在 2002 年 12 月 7 日講習的全程錄音。

這個講習最主要的目的是，幫投資人建立一套最簡單、最實用，也是最完整的操作概念與技巧：從進場前的多空判斷？如何多頭操作？如何空頭操作？如何短線進場出場？如何中長線進場出場乃至於操作轉向？最重要的是：如何祛除選股盲點？如何抓到大飆股？如何穩坐「飆馬」，不會半路洗掉，方法簡單、概念清楚，現學即可現用

VCD ＋ CD 合購再優待

股市絕學 VCD①②③
＋股市盤機 CD
＋從進場到出場 CD
只收 14,900 元

牛肉在這裡

A.本社自本年5月成立網站(<u>www.da-chin.com</u>)
以來，不斷地充實內容，至今已po上網約
二十萬字，歡迎點閱（免費）：
　1.東山股市操作文章（在東山論壇）已發表
　　十萬字以上，目前持續增加中。
　2.李安石：三國史、孫子兵法、諸葛亮兵法
　　已po上網約十餘萬字，目前持續增加中。
B.1.「東山股市實戰教學」於「進階班 盤中實
　　戰學」課內容、上課時間、上課地點、報
　　名方法與優惠，網站均有最新最詳盡報導。
　2.東山每個月均有股市新作發表。
　3.李安石將於最近在李安石論壇發表「三國
　　史」最新作。
　4.關於本社、東山、李安石所有重要消息，
　　均會在本網站發布，請隨時上網查詢。

大秦出版社 2010 年 11 月 25 日

如何看個股線路圖？

　　股價要漲要跌，決定的關鍵，不在盤面，而在線型，也就是俗稱的技術面。

技術面決定中長線

　　盤面只能告訴我們價一天的強弱，但技術面則不然，它是由幾百、幾千個盤面組合而成的。一個盤面等於一個日 K 線，而技術面是由無數個盤面組合而成，等於是一個人出生以來所有的行事日誌，我們可以從一個人過去的生活、行事方式，約略推斷出其性格，及對事與物的可能反應。

　　股票的技術面就等於該股過去的所有總結記錄。而操作股票最重要的一點則是：推測、判斷股價未來的多空走向。但未來還發生，只能就過去經驗作為預測的參考，技術面就可能提供這樣的功能。

大盤走多個股才能漲

從經驗的角度來看，個股若想漲，若想大漲，最重要的一個基本條件就是：

大盤要漲，要走多頭行情。

如果不具備這樣的條件，不管個股基本面有多好，技術條件有多優，恐怕也很難上漲，更別說大漲了！

還要個股技術面配合

反過來說，就算大盤在上漲，在走多頭，若個股的技術面不佳，恐怕也難上漲，頂多只是隨勢浮沈，大盤上亦上，大盤下亦下。若是差點的呢？大盤漲它的，我原地不動，甚至還下跌呢！而一般人操作股票最主要的目的，主要是希望：

在最短時間內，求取最大利益。

就這個意義來看，買到技術面不好的個股，就是件很糟糕的事了！做股票搞成這樣，那乾脆別玩算了！不幸的是，這是一般投資人最常犯的毛病。所以，本文要先介紹大家，什麼

是不好的個股線型，當多頭市場來臨時，可以避免上錯車，賺了指數，卻賠了差價。

一、逆勢下跌股

先請看圖 A 大盤日 K 線圖：

從 99 年 5 月底至 10 月初，這四個多月來，行情主要呈上升趨勢，自 7032 上漲至 8310，漲點 1278，漲幅 18.17%。意思是說，這段期間內，基本上是個由多頭所主導的行情。既然行情是由多頭所主導，一般個股大都跟著大盤往上走，至少也應有 18.17%的漲幅才是，但請看圖 B 橘子日 K 線圖：

在大約的同一時間內，橘子不但沒有和大盤同步上漲，反而逆勢自最高點的 60.5 元下跌至最低的 39.5 元，整整跌了 21 元，跌幅 34.71%，加上大盤 18.17%的漲幅，這一來一回就是 52.34%，簡直虧大了！

業績未必能助漲

就一般人的理解，橘子雖非業績極優股，但也並不是特別差，怎麼搞成這樣？

事實上，個股要漲要跌，主要的關鍵點，並非基本面，而是技術面；基本面好，但技術面不好，它就是漲不了，不信的話，再請看圖C聯發科日K線圖：

　　股市投資人都無法不承認，聯發科是檔績優股，且是數一數二的績優股。但沒用，請對比圖A大盤日K線圖，聯發科不但不漲，反而逆勢自536元下跌至10月中的372元，整整跌了160元，跌幅29.85%，比橘子還慘，這證明了，業績好，不保證股價漂亮，關鍵還在技術面上。

　　要如何面對這種技術線型的個股呢？

　　當大盤走多，多數個股也都跟著上揚時，不但不漲，反而逆勢下跌的個股，就表示隱含了不漲反跌的理由，其中緣由不得而知，也不必費神去知，技術面本身就已經表達了一切——這是一檔不漲股，聰明人別買了！反正，多頭行情裡會漲、會讓人賺錢的個股多的是，不買它就是了！

二、技術面劣勢股

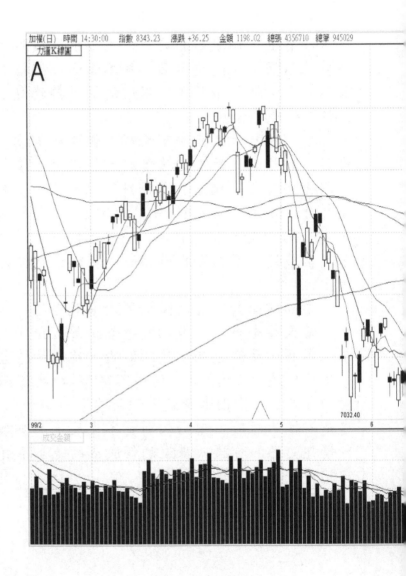

8310

個股技術面一定要與大盤比較才有意義。舉個例子來說，當大盤進入多頭行情時，通常會呈現只穿頭不破底的價格運動慣性，而這個慣性也將會使原先排列不佳的均線，逐漸由空轉多，或由混亂轉多，請看圖Ｄ大盤日Ｋ線圖：圖中右上方高點 99 年 1 月的 8395，是由 97 年 11 月的 3955 漲上來的，3955 又是從 97 年 5 月的 9309 跌下來的。可想而知，9309 到 3955 這一段，均線一定呈空頭排列。而 3955 到 8395 這個過程中，均線也因價的不斷上漲，逐漸由空變亂再轉多的。由於這個過程中，價呈穿頭慣性，才得以讓均線在多數時間內呈多頭排列，在正常情況下，多數個股的均線排列也都會與大盤同步甚至領先（提早轉多），如果不是這樣的話，就表示該股在技術面上弱於大盤，多頭市場中，技術面弱於大盤的個股，就表示它不會漲，對看得懂線圖的內行人而言，它就是檔不能買、不該買的股票了！

　　請看圖Ｅ科風日Ｋ線圖：

　　科風在 98 年 4 月底至 6 月上旬大漲了一波，自 4 月 29 日的 14 元強攻至 6 月初的 30.55

元。30.55元時，指數為6856，這時的技術面與大盤同步。但30.55元之後，股價陷入了一個多月的盤整，直到7月下旬，又以30.7元的收盤價，穿了前波高點30.55元的頭。

請注意，科風30.55元時，指數為6856，30.7元時，指數則為7023，共上漲了167點，漲幅2.43%。相對的，科風卻只有從30.55元漲到30.7元，漲幅只有0.49%，幾乎沒漲。更糟的是，30.7元雖穿了30.55元的頭，而且是以漲停的強勢方式穿頭，但卻只是一日行情，第二天一開盤就洩了底，勉強只開了個平盤（圖中★所指處），終場還收了一根5.53%的長黑，這根長黑，讓科風從此陷入了一段長達9個月的整理——價走盤跌，一直到99年2月的19.6元才反轉走多頭。

科風在30.7元時，指數為7023，但科風到頭時，大盤可還沒結束，隨後又走了一波約半年的多頭，一直到99年1月的8395才成頭回檔，漲點1372，漲幅19.53%。反觀同一時間內的科風，反而自30.7元下跌至26.85元，跌幅12.54%，這一來一回就是32.07%。

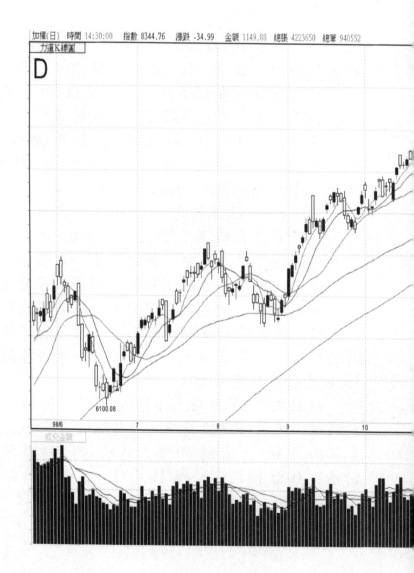

力道K線圖

D

6100.08

98/6　　　　7　　　　8　　　　9　　　　10

成交金額

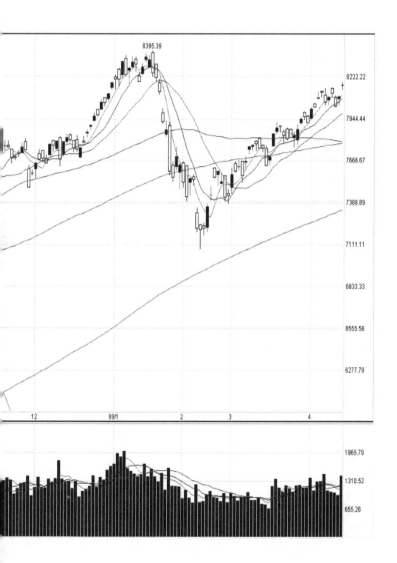

26.85
(8395)

29.81

28.13

26.44

24.75

23.06

21.38

19.69

11   12   99/1   2

14061

9374

4687

33

事實上，科風在 98 年 9 月初時，還曾挫低至 20.6 元，跌幅 32.89%，而同一時間內的大盤雖有回檔，也不過自 7023 壓至 6807，回點 216，回幅 3.07% 而已。

　　為什麼科風會這樣？

　　是因為自 30.7 元成頭以來，價陷入了長期弱勢盤跌，把原本好好的均線多頭排列破壞掉了，投資人不妨把 30.7 元到 26.85 元之間這段技術面和大盤比較，當可發現：

　　大盤的技術面大都走多。

　　持續穿頭慣性。

　　縱有回檔，亦不破底。

　　縱有破底，亦不成慣性。

　　5／10／20 三條短均線雖有時呈糾結狀態，但 60／120／240 三條力道最強的中長均線一直都呈多頭排列。

　　這幾個條件，支撐了大盤的多頭行情。

　　反觀科風，就不是這麼回事了！

　　穿頭慣性不明確。

　　這是因為多頭衰弱。

　　破底慣性也不明確。

這是因為行情走多把它撐住的緣故。

上述原因促使：

均線排列大都呈混亂狀態。

技術面非常明顯的弱於大盤。

這種劣勢，就是科風即使在多頭行情中也不能上漲的主要原因。

三、逆勢上漲股

當行情進入空頭時，絕大多數個股都會跟著大盤走空，而且跌幅通常遠超過大盤，這時候的正常操作法有二：

1. 順勢站空方。

2. 出場不玩。

但話雖這麼說，第一點其實很難做到，道理很簡單：

1. 不易找到有盤上價股可以放空。

2. 就算有，一般人也不敢玩。

3. 台指期是高手與老手的天下，一般人根本碰都不敢碰。

但糟糕的是，國內投資人絕大多數都是多頭，而且不乏死多頭，放空不肯、更不敢，於

是拚命在盤中找強勢股做多，因此把自己搞得灰頭土臉，何苦來哉！

請看圖F大盤日K線圖：

大盤自97年5月的9309反轉之後，整整走了一波半年多的大空頭市場，一直到同年11月的3955才止住，跌點5354，跌幅57.5%。同一時間內絕大多數個股，跌幅都超過大盤，不但如此，跌幅超過九成者，大有人在。

就這個意義來看，如果還不肯離場，理論上，應該站空方才是？

沒錯！

但問題來了，即使在大空頭市場，有時也會冒出一些逆勢股來，而且不是小逆勢，而是大逆勢，根本不理會行情，硬是和大盤頂著幹，請看圖G佳大日K線圖：

大盤在9309成頭反轉那天，佳大一開盤就跳空漲停，一價鎖死至終場，完全無視於9309這根長黑。

9309之後，大盤即走入大空行情，但妙的是，佳大第二天，又以跳空漲停開盤，終場漲停收盤。

六月中旬，佳大順勢自22.9元回檔至14.7元，然後一連走了近八個月的大多頭行情，一路攻至98年2月的69.2元才反轉。

　　問題出在哪裡？

1. 行情走空，99%以上個股都走空，換句話說，只要站空方操作，贏的比率近100%，何苦選佳大這種居極少數的逆勢股？這是西瓜偎小邊。

2. 佳大線型長期走多，這是事後看才知道，但在上漲過程中，走的也不是很乾淨俐落，就算敢抱，每天看大盤跌，其他個股大跌，自己獨漲，也不知道它哪一天會回頭？實在抱得很辛苦，幹嘛把自己搞得這麼累！

3. 就算想抱，恐怕也抱不住，有事沒事就來根長黑、甚至大長黑（圖中★所指處）一不小心，可能就被洗掉了，這種錢，其實是看得到、吃不到的。

　　就上述幾點來看，表面上看，似乎線型不錯，其實差勁透了！

　　天下沒有不敗的多頭！股價漲多了、漲夠

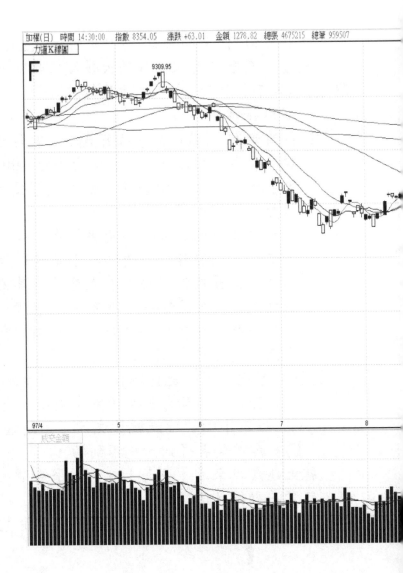

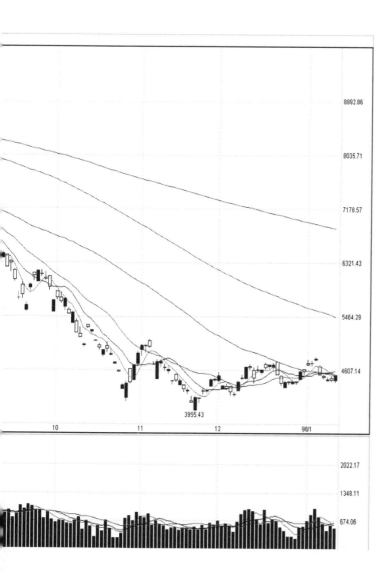

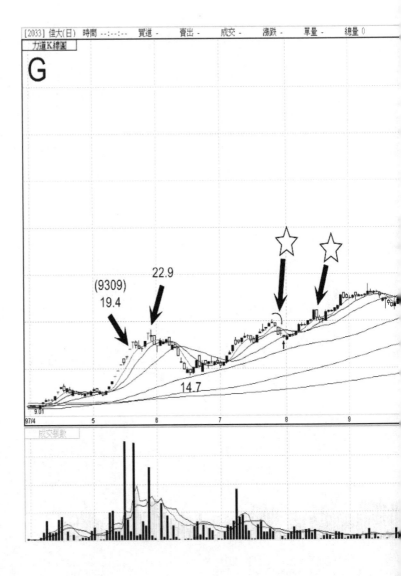

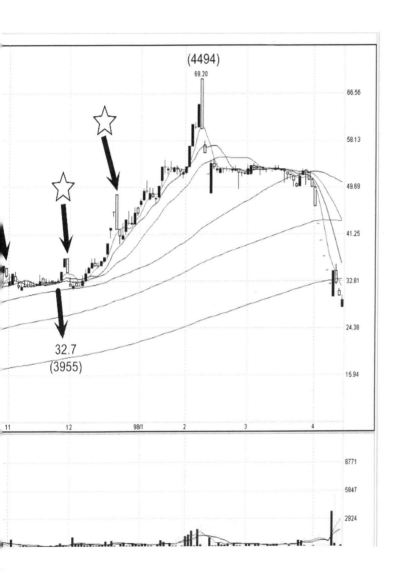

(4494)

69.20

66.56

58.13

49.69

41.25

32.81

24.38

32.7
(3955)

15.94

11   12   98/1   2   3   4

8771

5847

2924

了就是要跌，尤其是那種漲過頭的個股，一旦跌起來，也絕對夠你受的了！

再看圖H佳大日K線圖：

佳大一路漲升至69.2元，終於走到了頭。當時指數是4574，這4574是從3955反彈上來的。69.2元這個頭部出現之後，又連走了四個多月的下跌行情，一直殺到98年6月的16.55元才止住，把上波的漲幅全跌完。不止如此，它又一次地呈現了逆勢，指數在4574時，它的價位是69.2元，當指數彈至6348，漲點1774，漲幅38.78%時，它卻又再次反向跌了76%（16.55元處），簡直讓人不知怎麼操作，這種線型，這種走勢，在在都印證了這其實是一檔線型不佳的個股，聰明人少碰為妙。

四、籌碼混亂股

籌碼混亂就是籌碼沒有經過適當的清理，老是有人在搶短線，而之所以老有人搶短，是因為沒有主力在裡面，形成「家中無大人，小孩子作怪」的局面。

籌碼混亂股通常出現於一些中高價位，或

股本百億、數百億，甚至於千億的大型股。因為價高、股本大，小股東又多，主力不想吃，或吃不下，或根本只是短打而已，於是形成「群龍無首」狀態。

籌碼混亂的二種特性

從技術面上看，籌碼混亂股通常有二種特性：

1. 日Ｋ紅黑棒交錯：

代表的意義就是，價忽漲忽跌，一上去就有人賣，跌下來又有人買，大家都對前景不抱期望，只好跑跑短線。而這樣的日Ｋ也顯示了股價走勢的不確定性，中長線尤其不明朗，讓人很難操作。

2. 成交量棒忽長忽短：

成交量會放大，表示有大戶介入，正常情況下，有大戶介入的個股應會漲、可能大漲。但如果主力只是小玩一天，那可就難漲了！因為主力只做一天，或者第二天就撤退，股價當然就漲不上去了。

請看圖Ｉ寶成日Ｋ線圖：

力道K線圖

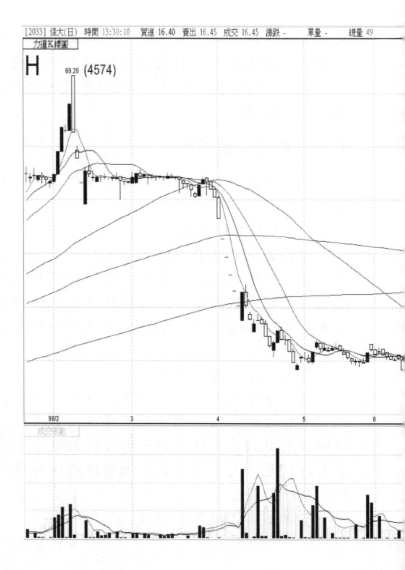

H

69.20　(4574)

98/2　　　　3　　　　4　　　　5　　　　6

成交張數

66.43

57.86

49.29

40.71

32.14

23.57

3)

8   9   10   11

4407

2938

1469

寶成一直是一檔業績還不太差的個股，但從他的日Ｋ及成交量棒來看，就可知道它是一檔沒有主力積極操作的個股。日Ｋ紅黑交錯，且頻頻留下上下影線。再看它的成交量棒，有事沒事就冒出根大長棒出來，代表其浮額多。就因為其籌碼亂，故始終無法大漲。

　　稍堪告慰的是，它雖不會大漲，至少可能憑基本面的一點優勢，順大盤之勢而「浮」，而不是只沈不浮，抱久了，還是能小賺，但下一檔個股可就不同了！

　　請看下面圖Ｊ台積電日Ｋ線圖：

　　台積電的基本面不比寶成差，經營者的形象則更佳，但它有一個別人沒有的大問題，股本太大了，高達2590億，是上市、上櫃股本第一名，這種超級恐龍，沒人拉得動，一般市場主力則根本沒輒。

　　請再看看其技術面，完全符合上述二個籌碼混亂的條件。所以，儘管99年6月到9月，大盤走了一波四個月的多頭，但台積電只能在一個小區間上下游走，除非是神仙，能買最低、賣最高，否則，想賺它的錢？難！

說了半天好的線型究竟長什麼樣？
這個問題，只能留待以後有機會再談了！

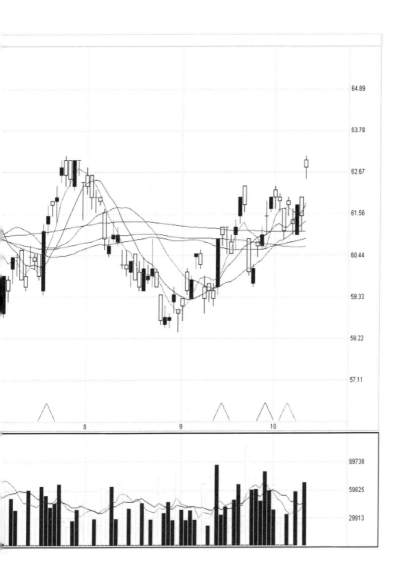

如何從技術面選股

　　所有的投資人都知道，選股才是股市操作成敗與否的關鍵點，但麻煩就出在這裡，每個人都知道選股很重要，但這只是股市操作的戰術層次，想要成為股市贏家，還得要有更高的戰略才行，否則，還是徒勞無功。

　　為什麼說選股只是戰術層次呢？

個股上漲的條件

　　道理很簡單，一支股票要會漲、會大漲，除了本身的技術條件之外，還得有大盤的多頭行情配合，不管個股的線型有多好，基本面有多棒，若沒有大盤走多頭的保護傘，它就是不會漲、漲不了，更別說大漲了！

　　為什麼行情走多的時候，個股才容易漲？

　　因為這時候，大部份資金主要站在多方。既然資金站多方，自然很容易把股價往上推了

。反過來說，當行情走空時，因為資金站多方或根本撤出，多方缺乏動能，股價當然就上不去了。

像這樣的股市運動規律，市場大戶，主力一定懂，既然懂，就不會與大形勢為敵，讓自己陷入困境之中，這也是當行情不走明顯多頭時，個股不易漲；而當行情走明確多頭時，個股就容易上漲，飆股就會此起彼落的重要原因。

明白了個股與大盤的連帶關係之後，再來談如何從技術面選股，才有意義。

股價要上漲、大漲，最簡單的一個條件，就是便宜，所謂便宜，包含三個意義：

1. 基本面好：

基本面不在本文討論的範圍之內，這裡只談技術面。

2. 跌深：

大盤進入空頭後，整體跌幅比行情大，就是跌深股。以 9859（96 年 10 月 30 日）到 7384（96 年 1 月 23 日）這波短空而言，三個月左

右的時間內，一共跌了 2475 點，跌幅 25.1%（見圖 A）。但同一時間內的建達，卻從 33.5元大跌至 16 元，跌幅高達 52.2%（見圖 B），整整比大盤多跌了一倍，但行情雖在 7384 止住，卻不能阻止建達的跌勢，此後九個營業日，又從 16 元又急挫至 10.85 元，從 33.5 元起跌點算起，總跌幅高達 67.6%，對比大盤 25.1%的幅度，跌得夠重、夠深。這就表示建達跌過頭了，夠便宜了！

跌過頭了！就一定會反彈，夠便宜了，就會有人願意買。

請對比建達自 10.85 元到 25.25 元之間的反彈和同一時間的大盤行情：

建達彈幅 132.7%，但大盤不過從 7553 至8658，彈幅不過 14.6%而已，這就是跌深反彈股的效應。

然而，純粹因為跌深而反彈的個股，行情通常走不高、走不長，因為反彈畢竟只是反彈而已，真正讓個股能大漲、特漲的個股，通常是：

3. 長期價穩量縮：

價穩量縮的意思是：股價只在一個狹小的空間內游走，成交維持在一定程度的低量，時間越長，代表其籌碼安定度越高，籌碼安定度越高，代表它的爆發力越強，而這種長期價穩量縮股，又分二種：

a.跌深後，配合大盤陷入長期橫向整理。

不管大盤或個股，一旦走空跌深，就有可能反彈，但這種跌深後的反彈，因為籌碼沒有經過整理，通常行情也走不遠，除非經過一番沈澱，才有比較大的可能由大空頭行情轉成大多頭行情，請看圖C大盤日K線圖：

大盤自97年5月20日的9309回跌以來，整整走了六個月的空頭，一直到同年11月21日，才在3955止跌，跌點5354，跌幅57.5%。這種跌法，不可不謂跌深。但3955止跌後，並沒有因為跌深而立刻反空為多。這是因為價雖然變便宜了，然而，由於空頭才剛結束，多數投資人都還驚魂未定，一下子還反應不過來，而且，3955雖然止住跌勢，但這個空間點是否

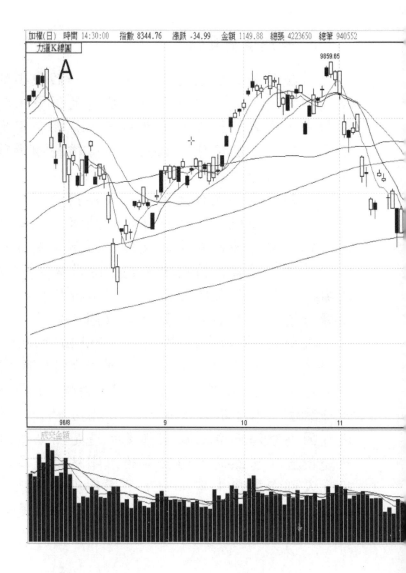

力道K線圖

A

9859.65

96/8   9   10   11

成交金額

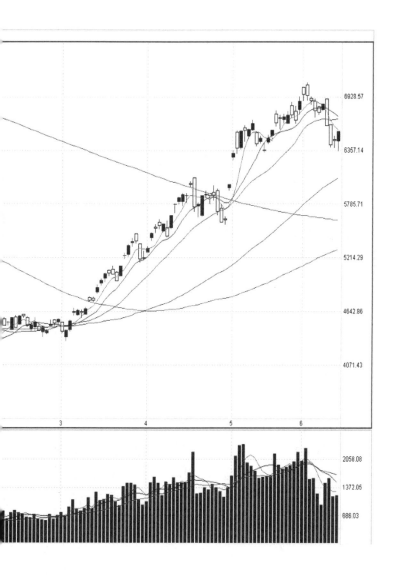

為底，並不確定，行情因此陷入了整理。

　　整理的目的有二：

整理的理由

　　1.　反覆測試 3955 成底的可能性，結果，三個月之內，最高來到 4817，收盤 4789，雖然穿了前波二個高點 4750 與 4777 的頭，但卻立刻被拉了下來，隨後又壓回至 4164，雖然破了前二波低點 4325 與 4190，但當行情壓至 4164 時，當天卻又反彈，收了一根上漲 5 點的紅棒，4164 從此不復見，3955 的底部愈來愈明朗了！

　　2.　清洗短線浮額。

　　3955 之後的三個月內，行情在 4164 到 4817 的狹小空間游走，上去就被打下來，下來就被拉上去，讓短線投機客頻頻受挫，就是這樣的橫盤，迫使短線買盤逐漸退場，量也持續低檔，行情遂於 98 年 3 月初的 4328 啟動，一連走了十個多月的多頭，若自 3955 起算，漲點 4440，漲幅 112.2%，若自 4328 起算，漲點 4067，漲幅 93.9%，都是標標準準的大多頭行情。

　　大盤經過了三個月的橫盤，就可上漲一倍

，若是個股呢？那可就不止這個數了！

請看圖D天剛日K線圖：

天剛自97年8月起陷入一段長達十個多月的橫盤，這段時間的價只在一個極狹小的空間游走，除了98年4月中旬的20.75元的前一天，量為400張之外，其餘時間內，都在200張以下，請特別注意，這種長期的價穩量縮，因為籌碼極度安定，因而隱含了極強大的爆發力，20.75元的這一波一連四根的漲停，不過是道「前菜」而已，真正的大行情，則在同年六月中的19.5元啟動。短短一個月內，大漲至83.9元，漲幅高達330%，而同一時間內的大盤，雖仍處於大多頭格局中，也不過自6389來到7002而已！

事實上，就算行情不是大多頭，而只是個小多頭，只要個股的價穩量縮時間夠久，照樣能大漲特漲，請看圖E大西洋日K線圖：

圖中顯示，大西洋自98年10月至99年6月，橫向盤整達八個月，事實上，它的橫盤是自98年4月開始的，時間長達15個月，15個月的時間，絕絕對對可以把籌碼清洗的乾乾淨

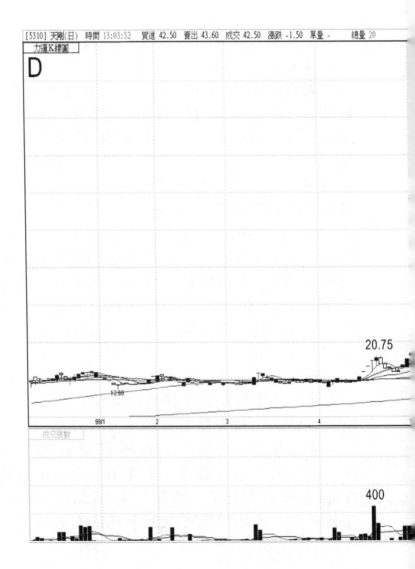

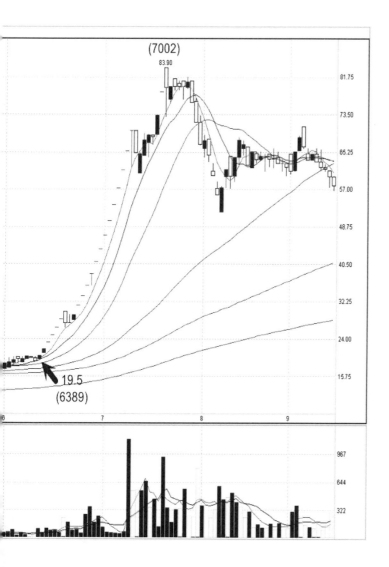

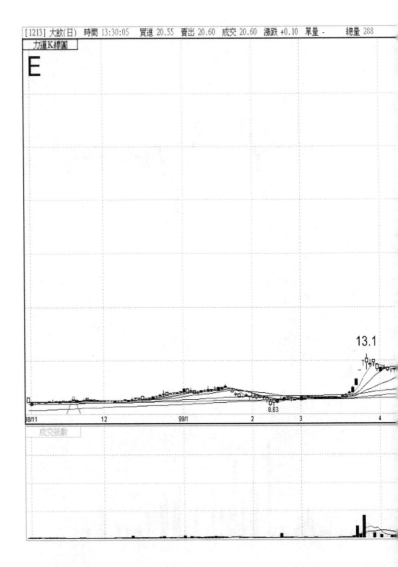

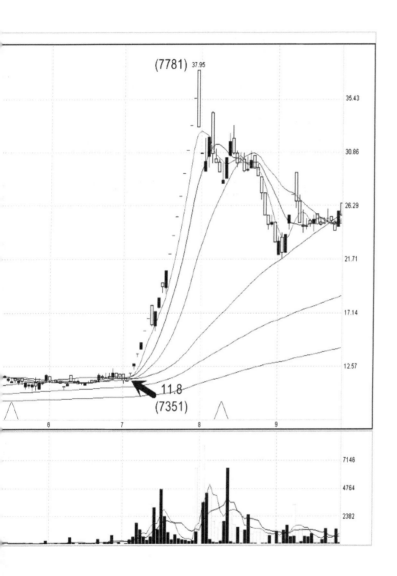

(7781) 37.95

35.43

30.86

26.29

21.71

17.14

12.57

11.8
(7351)

6   7   8   9

7146

4764

2382

淨，而 98 年 3 月中，13.1 元的這波反彈，不過是個「誓師大會」，多頭大軍則在 10 年初的 11.8 元出動，一個月不到的時間內，狂奔至 37.9 元，漲幅高達 221.6%，而同一時間內的大盤，不過從 7351 來到 7781，漲幅不過 5.84%而已！

這就是長期價穩量縮的線型威力！

《本文曾發表於 2010 年今周刊》

個股長黑的技術性意義

這裡所謂長黑，指的是跌停或6%以上接近跌停的跌幅，當然也包括實體7%以上的黑K棒。

大利空長黑

個股之所以會出現長黑，通常不外三種：

大利空突襲大戶散戶同步站賣方。

所謂利空，就是可能對股價造成負面效應的壞消息。大利空就是大壞消息。由於消息突如其來，所有「大人」、「小孩」一時皆措手不及，心生恐懼之餘，立刻同步不限價殺出，股價自然應聲重挫，請看圖A聯明日K線圖：

99年7月中旬，忽然傳來聯明被列為全額交割股，由於消息頗突然，第二天，開盤即以跌停鎖死（圖中☆1所指處）。隨後五天，股價連連無量重挫，一直到第六天，才打開跌停，

並以漲停收盤（圖中☆2所指處）。

碰到這種情況，萬一被套，該如何應對？

先以市價掛出。事實上，這種情況下，通常賣不掉，只是碰碰運氣而已！

第一天賣不掉，第二天不妨在開盤前市價掛出，試試看能否中籤，如果還是出不了，第三天就別再賣了，因為正常賣不掉，賣掉是不正常。

通常突發性利空暴跌的個股，由於主力也一併被套牢，為了逃命自保，他遲早會把跌停打開，伺機出貨。如果天天跌停掛出，肯定會賣到波段低點，划不來！

總算第六天跌停打開了（圖中☆2處），多空一番大戰後，收盤漲停，至少帳面上少賠了二根停板。

這裡要特別提醒投資人，若跌停打開，但不能收最高（最好是漲停）或留下上影線，哪怕是日K收紅，都應賣出。因為不收漲停或最高，代表反彈勢弱，或主力無心做解套行情，而只想逃命而已，當然不能抱，不宜買，自不待言。

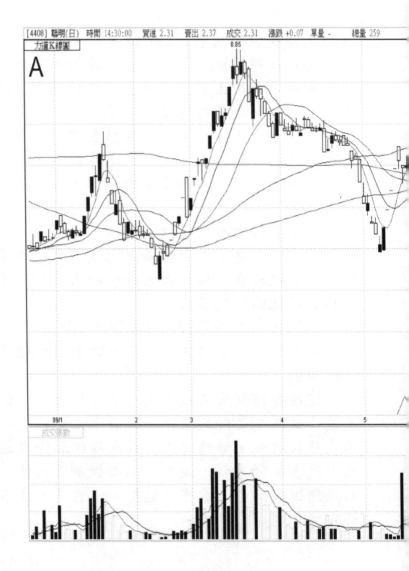

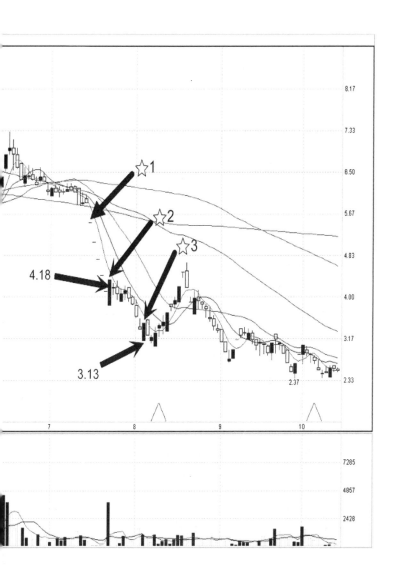

抑有進者，跌停打開收漲停還不夠，第二天最好跳空漲停鎖死，至少也要開高、走高、守高、收高，代表先前走跌的破底慣性結束，新的上漲慣性可能形成，否則即不應續抱。

回頭看線圖，☆2那天開低走高收漲停，第二天卻跳空開低，收下跌十字線，此時應毫不猶豫地拔檔，因為沒有反彈行情了！

如果還不信邪，不肯認賠砍，股價又要到3.13元才反彈，但這又是個失敗的反彈，第三天又殺到3.08元，距認賠砍那天的收盤價4.18元，又多賠了26.3%，吃得消嗎？

再換個角度看，如果沒被套，千萬別搶反彈，這種暴跌股，技術面急速轉壞，跌勢不會很快結束，稍一不慎，就可能被痛宰，想搶反彈，除非無量下跌超過七成，然後跌停打開才可淺嚐，否則，別輕易進場！

聯明素來不是績優股，會暴跌不奇怪，但別以為，只有投機股才會出現長黑重挫，只要有利空，尤其大利空，哪怕是第一級的大績優股，也會長黑暴跌呢！

請看圖B聯發科日K線圖：

聯發科是市場上的超級資優生，人人皆知，但沒用，一旦利空來襲，照樣以長黑引動重挫！

96 年 11 月初，忽然傳來聯發科業績大不如前的消息，請注意，並沒有賠錢，還是賺，而且相對於別股，絕對大賺。但沒用，股價立刻以跳空跌停反應（圖中☆1），這根長黑的效應，讓價格從 593 元在三個月內重挫至 275.5 元，跌幅高達 53.5%。

怎麼應對？

和聯明一樣，第二天再掛出，若沒成交，第三天就別掛了，第三天跌停打開，但無法收最高，且根本不過平盤，收盤還留下上影線，不妨以收盤價 522 元賣出。如果還有聯發科的績優股情結，而不相信技術面的話，就等著看275.5 元了！如果是融資買進的話，恐怕這個價位也看不到，半路上早被斷頭了！

主力技術性站賣方

主力大戶站賣方

75

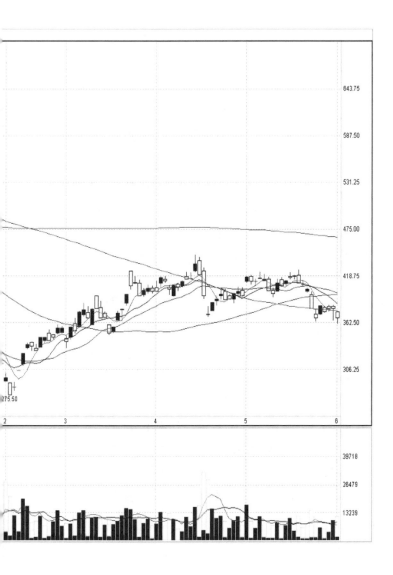

643.75

587.50

531.25

475.00

418.75

362.50

306.25

275.50

2   3   4   5   6

39718

26479

13239

前面所指的大戶，只是指錢多的投資人，包括大股東、法人、中實戶。這種大戶通常只接不拉，但主力則不同，指的是積極控制股價的有錢人，市場上所有的飆股都是他們的傑作。所以，這段既以主力為前提，指的一定是飆漲狂跌的投機股。

　　一支飆升中的個股，一定有主力在背後控制股價，而他們之所以會站在賣方，在技術面上搞出一根長黑，只有三個原因：

　　A. 大盤回檔──被迫順勢壓回

　　請看圖Ｃ彩晶日Ｋ線圖：

　　96年10月26日，彩晶減資後重新上市，當天開盤跳空漲停，12.25元一價到底，成交只有3896張，但漲停掛進高達六百餘萬張，創下國內股市有史以來漲停掛進與成交比數超過1500倍的空前紀錄。隨後四天，都以無量噴出展現超強走勢，單看它盤中的氣勢，不連拉個十幾二十根漲停，恐難休止。然而，大盤卻在這時已開始準備轉空，大扯其後腿了！

　　請看圖Ｄ大盤日Ｋ線圖，並與圖Ｃ的彩晶對比：

事實上，早在第三根漲停 14 元那天，大盤已來到頭部，但彩晶還是多撐了二天，展現其強勢，但到了 11 月 2 日那天，繼前一日大跌 113 點後，這天又重挫了 325 點，盤中最低來至 9248，面對大盤劇烈拉回，彩晶主力再也不敢孤軍涉險，當天只敢以平盤左右開出，盤中激烈震盪，最高 16.9 元，最低 15.1 元，震幅達 11.2%。非但如此，還爆出了 447950 張的歷史天量，技術上雖收了根十字小紅，但我們若不拘泥於狹義的長黑定義，這種激烈震盪加上超級大量，應可視其為長黑。第二天，彩晶雖又收了半根漲停中紅，由於不能收最高，且又不過 16.9 元高點，飆升行情終宣告結束，16.9 元也成為近三年多來的天價！

洗盤

飆股在飆升過程中，沿途一定有一些幸運的坐轎者，隨著股價不斷上漲、大漲，在獲利頗豐的情況下，越來越有可能對主力的操作與出貨造成干擾。所以，主力有必要把跟轎者趕下車，換一批新人上來，這種做法，就叫洗盤，

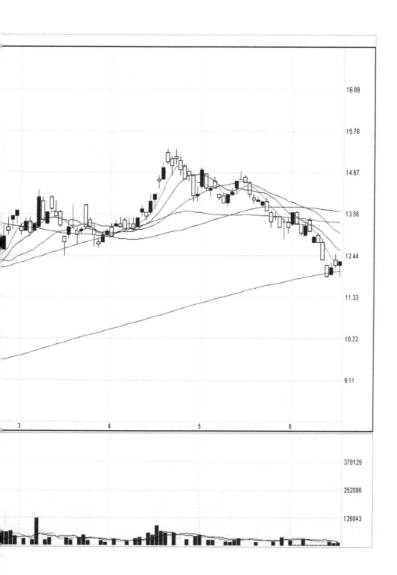

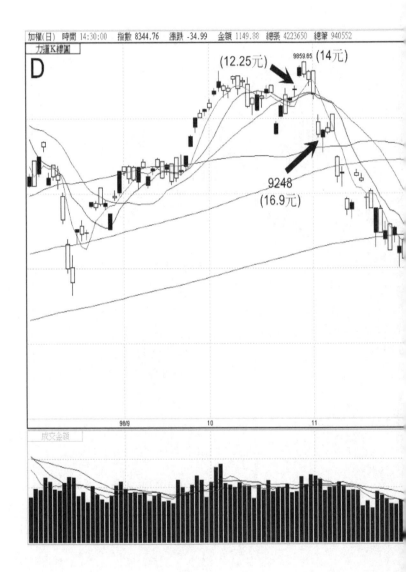

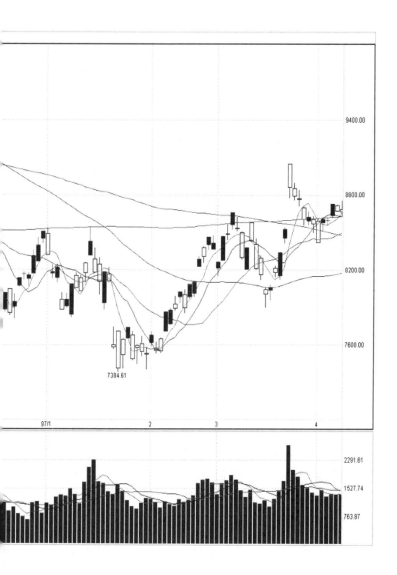

俗稱換手。

洗盤方法很簡單——只要來根長黑就可把原先的跟轎者嚇出來了！

請看圖E大飲日K線圖：

大飲從99年7月5日起動（圖中△處），一口氣連拉六根漲停，其中第五、第六支更是噴出走勢，第七天（圖中☆處）照例開漲停，但卻開高走低，收盤價16.15，下跌0.5元，技術面上收了一根近10%的實體長黑，因此爆出了3419張的超大量。

現在問題來了！

怎麼知道這是出貨？還是洗盤？

出貨

其實，這問題不難回答。

若是出貨，表示主力不玩了，長黑之後，高點將不再，價會陷入弱勢或整理。看看圖中37.95元這根開漲停收跌停爆大量6508張、跌幅7%，震幅達14%的超級長黑棒就知道了。

若是洗盤，則很快會過長黑棒的高點，重新展開另波攻勢，結果呢？看看17.8元後的

走勢就知道了。

結論：

個股在飆升中，突然出現長黑，不管是利空來襲、洗盤或出貨，都應先拔檔為宜，因為很難事先判斷是否洗盤或出貨，若是出貨，可賣在高檔，若是洗盤，也別擔心買不回來。

反之，若看到長黑，還心存僥倖不先出，若是出貨性長黑或突發性利空，恐怕就夠你受的了！

《本文曾發表於 2010 年今周刊》

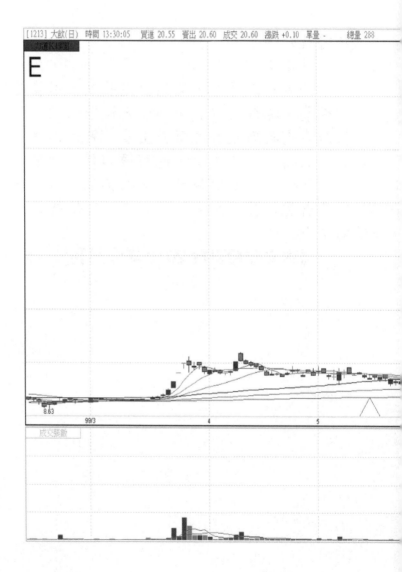

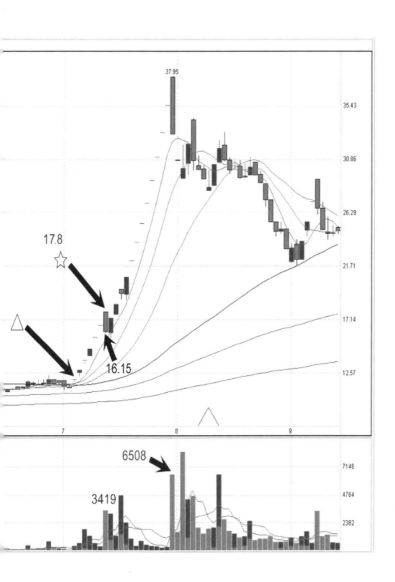

解析股價漲跌四部曲

　　股票操作，一言以蔽之，就是一種以金錢為代價推測股價漲跌的過程。

價的三大趨勢

　　這話說起來簡單，做起來其實極不容易。稍有一點技術分析能力的人都知道，股價一共有三種趨勢：向上趨勢、向下趨勢、橫向盤整。而其大方向一旦形成，就不會輕易改變。問題是，即使是一個非常清楚的趨勢，也不是一路「勇往直前」的，行程中一定會有曲曲折折的。

　　以上升趨勢而言，行情也許大漲個一倍、二倍，但在上漲過程中，也不是一路只漲不跌的。中間一定會出現技術性拉回，在拉回過程中，你不知道這只是技術性回檔，或根本是回跌？

　　下跌趨勢也一樣，行情也許打個五折、甚

至二折，但在下跌過程中，也不是一路只跌不漲的，中間一定會出現技術性反彈，在反彈過程中，你不知道這只是反彈，或根本已是反轉回升？

不管是上升行情中的回檔或回跌，抑或是下跌行情中的反彈或反轉，一旦誤判了形勢，很可能讓人由贏轉輸。反之，若能掌握住其大方向，不但不會受傷，反而可以獲取豐厚的報酬呢！

本文將就股價漲跌的四種型態，分成四部曲，詳細分述之。

第一部曲：漲不停

股價若一直漲，且漲個沒完沒了，代表這是個由多方掌控的行情，且很可能是大多頭行情。這時候，千萬別預設高點與賣點。道理很簡單，股市的特性，一旦漲勢一起，就會一發不可收拾，你以為漲很多了，怕它會回跌，於是拔檔賣出，一賣又漲，只好又高價追回來，就這樣殺進殺出的，等行情結束，結算下來，只小賺了一點點而已！為什麼會這樣？因為老

在「賣兒子買老子」啊！

對真正的高手而言，只要行情沒有結束的跡象，他只會做三件事：

1. 保持多方操作。

2. 買最強勢股。

3. 不輕易拔檔。

所以，一定能賺錢，一定能賺到大錢。

問題是，我們如何認知，這是個漲個不停的多頭行情呢？

有三個特性：

①價呈穿頭慣性。

所謂穿頭，意即價不斷突破前波高點，並自創高點。非但如此，縱有回檔，也不破前波低點。這種穿頭慣性加上回檔不破底的特性，就是價漲不停的多頭行情的重要訊號。

②均線呈多頭排列。

一般常見的均線有六條：5日線、10日線、20日線、60日線、120日線、240日線。

若均線依上述順序排列，即5日線在最上

，240 日線在最下，即為多頭排列。

如果大盤走勢愈能符合上述二大條件，就代表這是個多頭行情，請看下面圖Ａ大盤日Ｋ線圖：

這是一波自 6232（95 年 7 月 17 日）啟動的多頭行情。漲勢一直持續到 96 年 7 月 26 日的 9807 為止，漲點 3575，漲幅 57.36%。

圖中☆所指處，都是每波高點，也就是所謂的頭，但這些頭，都紛紛被突破，也就是穿頭慣性。

再看它的均線排列，三條中長均線，也就是 60/120/240 一直都呈多頭排列。5/10/20 三條短中均線，雖有短暫的糾結，但多數時間內也都呈多頭排列，在在都證明這是個一直漲，漲不停的多頭行情。

③飆股百花齊放

當大盤處於漲不停的多頭行情時，飆股就會趁這個好時機大顯身手了！

請看下面圖Ｂ農林日Ｋ線圖：

農林（2913）於 96 年 6 月初發動攻勢，

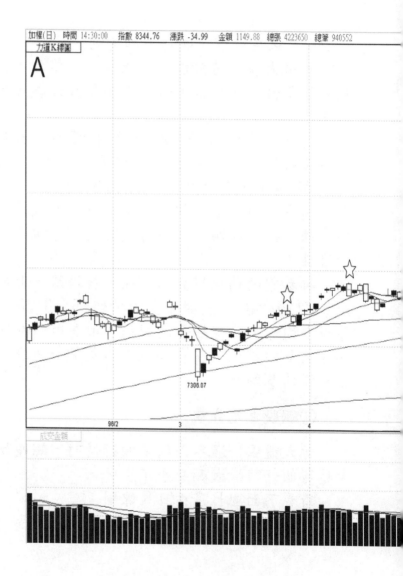

A

7308.07

98/2   3   4

成交金額

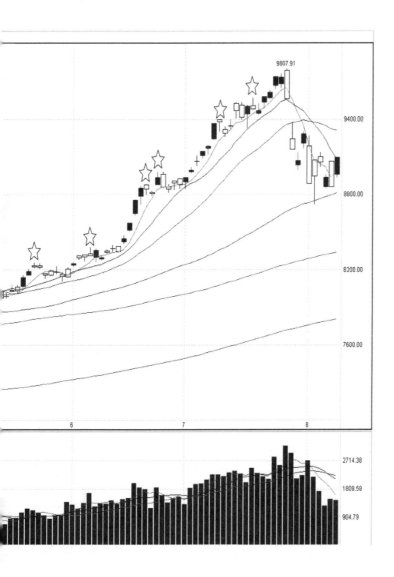

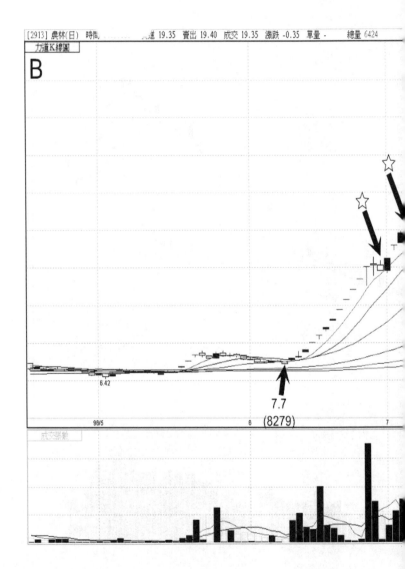

力道K線圖

B

6.42

7.7

96/5　　　　　　　6　　(8279)　　　　7

成交張數

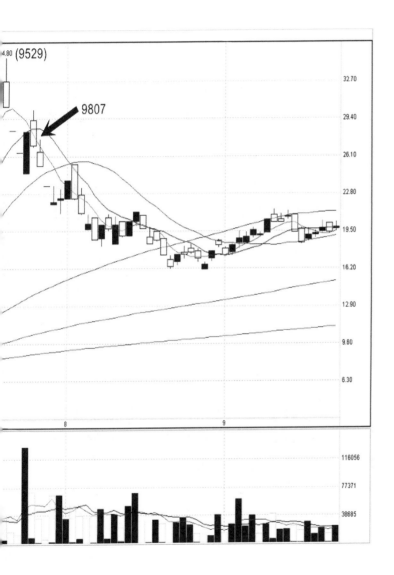

自 7.71 元狂奔至 7 月 19 日的 34.8 元，漲幅 351%。

　　請注意，同一時間內的大盤，一直到同年 7 月 26 日，才在 9807 時成頭反轉。換言之，農林的狂飆，完全是在多頭行情中完成的。

　　由於有大盤走多的保護，農林在這波大多頭中，雖然中途出現了二次黑 K 棒拉回（圖中 ☆ 所指處），但並無礙於它的噴出走勢，原因無它，憑藉著大盤走多的保護而已。

　　大盤漲不停，個股就會一直漲，一旦大盤走不動，開始下跌，個股也就順勢而下了！看看 34.8 元之後的農林就知道了。

第二部曲：漲不動

①價在高檔，突破後立刻拉回。

　　價愈高檔對多頭愈危險。因為愈容易成頭反轉。對大戶而言，愈高檔愈不容易出貨，因為價變貴了，愈貴的東西愈沒人買，愈沒人敢買。所以，大戶一定要為散戶編織一個夢——你以為價格太高了嗎？錯！還會高，還有更高

，可別亂賣喔！藉此吸引買盤進場，以便出貨。

請看圖Ｃ大盤日Ｋ線圖：

96年10月，大盤走勢步履蹣跚，因為同年7月的9807高點壓力就在眼前。所以，這個月的行情，就不像9月底10月初時那麼俐落了！10月23日那天，還大跌了251點，行情最低還來到9275點，離9807越來越遠。沒想到10月29日那天，盤中最高來到9822，收盤為9809，雙雙突破了9807的高點，形勢顯示，行情似乎要再走一波了！

讀者們，碰到這種情況，千萬特別小心！依穿頭破底的慣性原則，價一旦穿頭，就要持續穿頭，就算要技術性拉回，也得經過一段時間點與空間點的漲勢、漲幅才行。

就這個意義來看，第二天只有開漲、走漲、收漲，尤其大漲一途，但9859雖然是開漲，卻只是曇花一現，立刻拉回，這種假穿頭造成的結果，就是真破底，果不其然，價連跌了近三個月，一直到2008年的7384才打住，跌點2475，跌幅25.1%，夠慘的了！

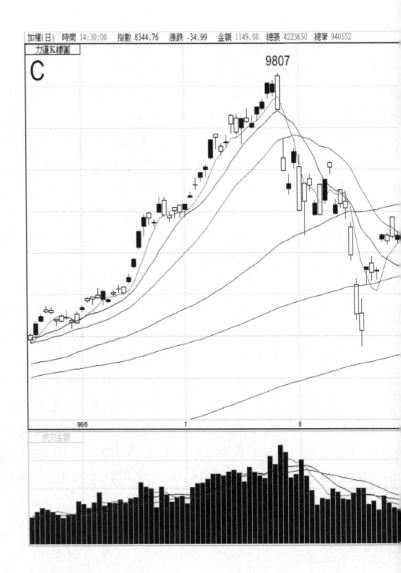

②盤底不成反成頭

　　股價走勢，就是一種多空的循環，漲多了就是要跌，跌多了就是要漲。然而，就算是大多頭市場，也不是天天漲，天天大漲，一口氣漲完的；反之亦然，大空頭市場也不是天天跌，天天大跌，一口氣跌完的。

　　在多頭市場，空頭會反撲，反撲成功就轉空，反撲失敗就續漲。空頭市場一復如此，多頭也會反撲，反撲成功就打成底部變多頭，若反撲失敗呢？就會盤底不成反成頭了。

　　請看圖D大盤日K線圖：

　　大盤自96年5月20日的9309開始走空，二個月內大跌至7月中旬的6708，整整跌了2601點，就時間點與空間點來看，跌幅不可謂不深。跌幅深，就表示價呈相對便宜，便宜是買盤最大誘因，多頭遂在此試圖築底反攻。

　　第一波反彈自6708至7368，隨後壓回至6809，並沒有破6708的底。隨後又反彈至7376，7376高於7368，就技術面來看，行情似有成為雙重底的可能？

但請注意，7376 這天收了根小中黑棒，意思是說，盤中雖穿了 7368 的頭，卻是個假穿頭，光就這一點來看，雙重底沒了，打底自然失敗，價漲不動，自然就是跌了！

最好的拔檔點，當然是 7376 那天，若還不死心，還想觀望一下，9 月 1 日收 6837 那天就非跑不可了，再不跑，就等著看 3955 了！

第三部曲：跌不停

跌不停是空頭，尤其大空頭市場的特性。在技術面上，有二個特點：

①價呈破底慣性

價會破底，表示撐不住，多頭無力抵擋，反攻當然就更別提了，若下檔支撐一破再破，就是破底慣性了。

②均線全部跌破

均線若上揚且在價之上，會有支撐作用。也就是說，一旦價下壓至均線附近時，原則上，均線會有支持股價不跌破（均線）的作用。

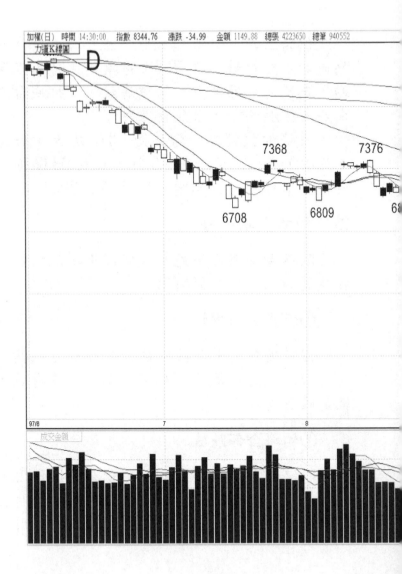

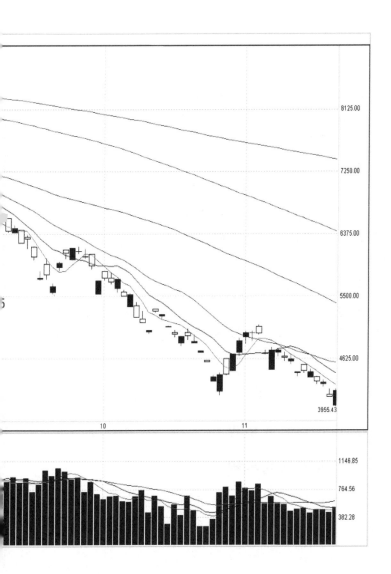

然而，一旦空頭力道大，均線恐怕也撐不了，一旦跌跛，且價又持續下跌，均線就會下彎，下彎的均線就會成為日後價上揚的壓力。如果價出現上述二種現象時，就表示空頭來了，空頭一來，價就會跌個沒完沒了了。

請看圖E大盤日K線圖：

9309高點出現後，價開始不斷下跌，不斷破底，形成破底慣性。由於跌勢極猛，6月中旬之前，所有均線全部跌破（圖中☆所指處）。6月底時，所有均線全部下彎。這種對多頭的內外夾攻，已經宣告空頭來臨，這是告訴內行人，別再對多頭有所指望了，趕快站到空方那邊才是王道，因為跌跌不休的空頭市場已經來了！

第四部曲：跌不下

跌不下去通常出現在下列二種情況下：

①空頭市場的尾端

空頭走到尾端，就表示價跌的很深、夠深，空頭覺得無利可圖而縮手，多頭見價格便宜

而酌量進場，行情因此進入橫盤，但雖不再破底，卻也漲不上來，一下子還看不出是漲不上去？還是跌不下來？

請看圖Ｆ大盤日Ｋ線圖：

大盤行情自96年5月，從9309走空以後，在11月底出現了3955的底點，此後三個月，行情走橫盤，攻不上去，但也一直下不來，計將安出？

關鍵點出現在98年3月初的4677，當天收盤為4637，已突破了最近一波高點4607。此後三天，指數一直維持在4607這個壓力點之上。至此，我們可初步判斷，這是一個跌不下，而可能往上漲的行情，4923這天，多頭終於表態，因為又突破了3955以來波段高點4817，這時，我們已可以確認，這是個跌不下去的行情了。

②盤頭不成反成底

請看圖Ｇ大盤日Ｋ線圖：

9807（96年7月26日）的高點，是自6232（95年7月17日）啟動的，到了96年1、2

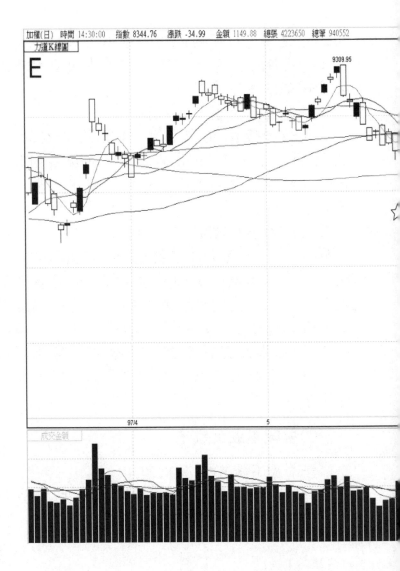

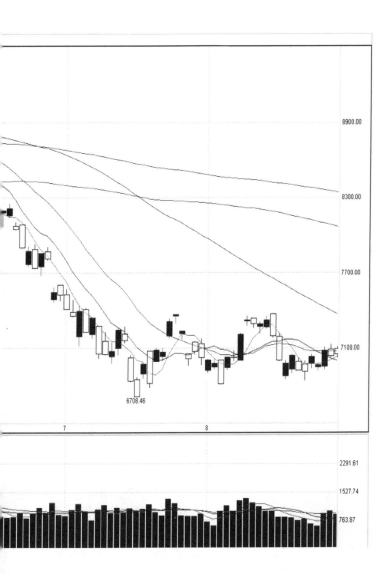

8900.00

8300.00

7700.00

7100.00

6708.46

7

8

2291.61

1527.74

763.87

107

F

4817

3955.43

97/11　　　　　　　　12　　　　　　　　98/1

成交金額

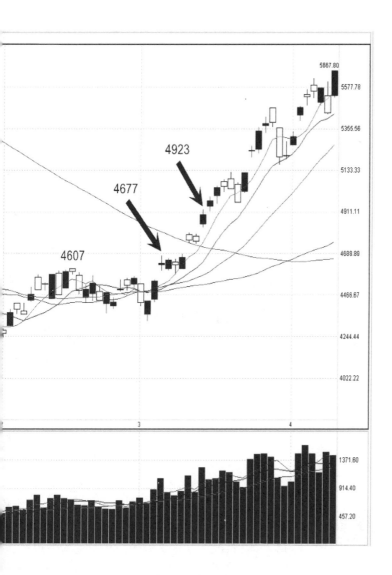

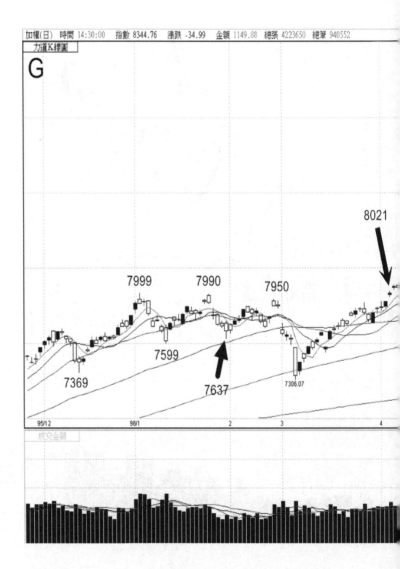

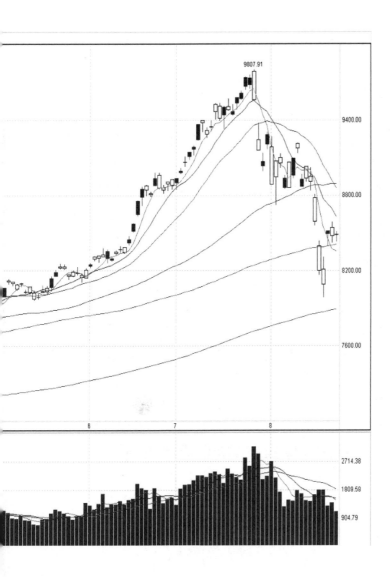

9807.91

9400.00

8800.00

8200.00

7600.00

6   7   8

2714.38

1809.59

904.79

111

月時，技術上出現了一個似乎很恐怖的三尊頭，而且一頭比一頭低，分別是 7999、7990、7950，多頭攻勢很清楚地出現了頓挫。

　　漲不上去就會跌，7950 之後，五個營業日內，指數急殺至 7306，一舉跌破了 7637、7599、7369 三個最近波段的低點。值得注意的是 7306 這天，收了一根 385 點的大長黑，依股價慣性原則，第二天理應再大跌才是，出乎意料的是，居然還收了一根 105 點的中紅，這時候，觀察重點在於：

　　如果這只是短線急挫後的反彈而已，則第三天理應再壓回才是，雖然技術面收了根黑棒，實際卻漲了 29 點，而股價從此緩步趨堅，一路自創本波新高，跌不下去的態勢愈來愈明顯，一直 4 月初的 8201，一舉突破了三尊頭的高點，這時已可更加確認，這是跌不下去的行情，而終點站則要到 7 月的 9807 才來呢！

《本文曾發表於 2010 年今周刊》

買是徒賣是師

　　股票市場有個特性：漲起來很慢，跌起來很快。這個道理有點像蓋房子與拆房子，破壞容易建設難。股票市場，亦復如此。

　　很投資人不了解股市的這種多空特性，在多頭市場中，長時間經營，好不容易賺到的利潤，在空頭來臨時，不知道應該跑，不懂怎麼跑，甚至不肯跑，很短時間，就把辛苦賺來的吐回去，甚至還倒貼，大賠，哀哉！

　　台灣有句俗語：買是徒，賣才是師。套用在股市操作上，意思就是，會買股票只是徒弟級的，會賣股票才是真正的師父。

　　誰都知道，操作股票的基本原則是多買空賣——在多頭時買股票，在空頭時賣股票。問題是，股市是個多空循環的市場，漲多了就會跌，跌多了就會漲，當多空轉換的關鍵點出現時，很多人受制於思考慣性，渾然不覺，悲劇

也就此發生了！

　本文就賣股的問題，從二個角度切入：

　為什麼會跌勢已起還不知不覺？

　如何在空頭將至時做先知先覺？

　現分述如下：

壹、為什麼高檔該跑而不跑？

　每當大盤從高檔回跌時，總會有許多人套牢。套牢後，又不懂得認小賠拔檔，最後以「重傷」或掛點出場。

　為什麼明明已經被套又不肯跑、不知要跑，原因有四：

一、思考慣性的制約

　行情之所以由多開始轉空，先決條件一定是已經走了一波時間頗長、漲幅頗大的多頭。而在這波多頭中，中間一定會有技術性拉回，甚至較大幅度的回檔。由於多頭行情還未結束，通常還都能穿頭、創新高，並再漲一波，以致於空頭來臨時，大多數人仍習慣於以多頭邏輯思考，因而錯失了高檔拔檔的時機。

二、習慣於以量判價

股市裡流傳著許多似是而非的「法則」，以量判價就是其中最大的謬誤之一。

所謂以量判價，就是以量的大小來判斷頭部或底部，也就是量大做頭，量小打底。意思是說，當波段最大量出現之時，則為價到頂之日；反之，當波段最小量出現之日，也就是底部已到之時？關於這一點，在拙作「反向思考法」中有詳述，此處不贅。

然而，回歸技術面的現實，許多頭部形成，往往不是最大量，而是因為高檔長黑所致。以致於多數人即使看到價長黑，由於量並無異常，因而認定頭部未到，而持股續抱，一直到價不斷下挫、重挫，才驚覺苗頭不對時，為時已晚矣！

請看圖Ａ大盤日Ｋ線圖：

96年10月30日的9859與97年5月20日的9309都是很著名的頭部。但請注意，9859當天的量不過1600億，這個量，決非頭部量（非最大），不僅如此，這時候的量群，也並

不大，但頭部還是形成了，而價也因此大跌至 7384，跌點 2475，跌幅 25.1%。

再看 9309 這個大頭部，量也只有 1785 億，對比先前的量棒，當然也非頭部量，但終究還是個價的頭部，價自此重挫至 97 年 11 月 21 日的 3955，跌點 5354，跌幅 57.5%。

這個活生生的現實，證明了一點，決定頭部與否的關鍵不在量；以 9859 與 9309 而言，之所以形成頭部，是因為這二個高點當天，技術面都出現了長黑所致；9859 之後，連四天黑 K 棒，急跌至 9248，跌點 611，跌幅 6.19%，這就是長黑。9309 那天更乾脆，當天就收了一根 241 點，幅度 2.58%的長黑。就是在長黑的壓力下，頭部才形成的。

當然，如果價長黑，量是波段性大量，就更加確定是頭部了，9807 就是個明顯的例子。

綜上所述，簡單做個總結：

1.若爆大量而價未長黑，可先觀察後續，不宜先以頭部看待。

2.若量不大而價長黑，形成頭部的可能極高，宜先跑再說。

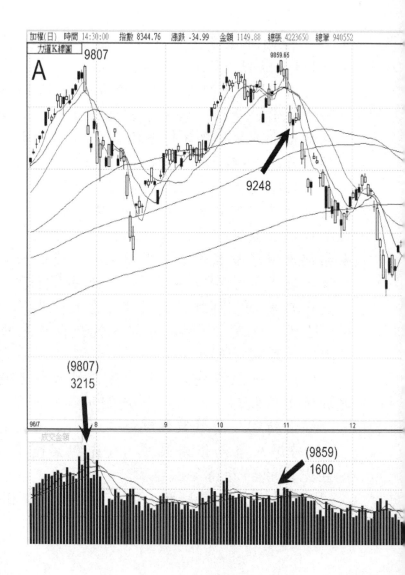

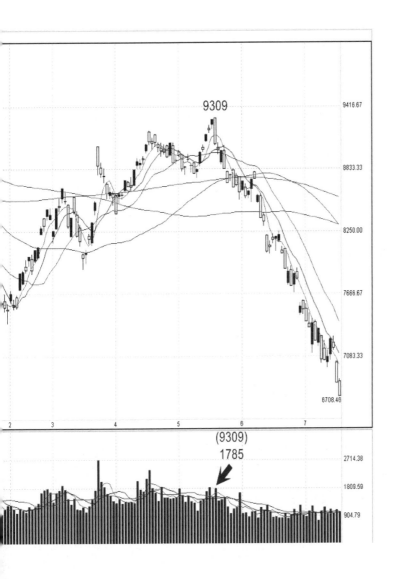

3.若價長黑而量又大時，90%以上是頭部，至少短頭，非跑不可，寧可跑錯，也不要心存僥倖。

上述原則，不僅適用於大盤，也適用於個股，尤其是主力飆股。

請看圖Ｂ富強鑫日Ｋ線圖：

看到這張圖，就知道這是支飆股，它的最大量12507張，出現在25.4元那天，由量看是頭，但價收漲停，因此還有高價36.2元，這個價比25.4元，還高了約三成左右。請注意，36.2元這個頭部價的量不過8328張，遠不如25.4元的12507張，但它就是價格的最高點，是由量看頭？還是由價看頭？這就很清楚了！

三、自認持股成本低禁得起跌

股票操作的最高境界，不但要買在低檔，更要能賣在高檔。而後者的重要性，更遠甚於前者。

經驗顯示了一點，一旦大多頭結束，空頭來臨，不管好股、壞股、牛皮股、大飆股都會

跌，無一能倖免，只是時間早晚、跌幅大小的問題而已。

但有人會仗著進場時機點對，持股成本低的優勢，誤判形勢，自以為持股在之前的多頭行情中表現強勢，就算在空頭行情中，也能自行其是。其實，這是個既錯誤又危險的觀念。

覆巢之下無完卵。當大盤由多轉空時，飆股由於漲幅大，上漲過程中無量，一旦跌起來，不但跌勢猛，而且下檔毫無支撐性，其下場往往比緩漲股更淒慘、更恐怖，不但很容易把漲幅跌完，甚至還倒貼！

請看圖C正華日K線圖：

正華自98年7月的9.9元起漲，在短短二十天之內，大漲至33.5元，漲幅238%。請注意，就算是成本在9.9元附近，在33.5元這天的大長黑也非跑不可，因為長黑通常是頭部的訊號，退一步說，若長黑當天不跑，之後第四、六天還有稍差一點的高檔拔檔機會，若長黑還不跑，又自恃成本低，還想耗耗看還有沒有新高點的話，恐怕就萬劫不復了——不但連續二波

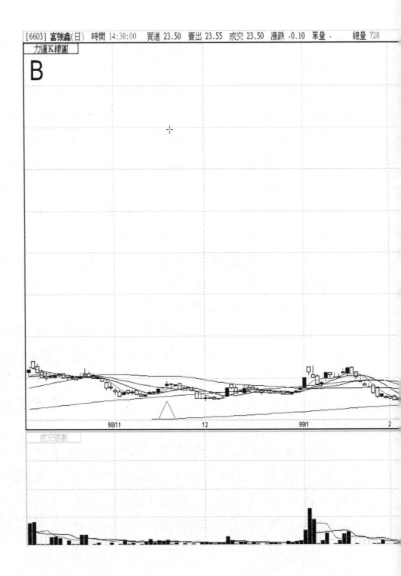

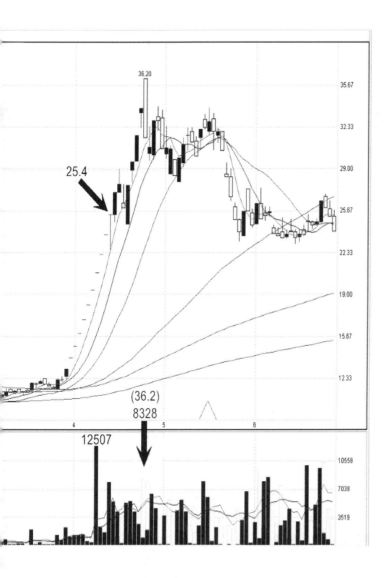

36.20

35.67

32.33

29.00

25.4

26.67

22.33

19.00

15.67

12.33

(36.2)
8328

4   5   6

12507

10558

7038

3519

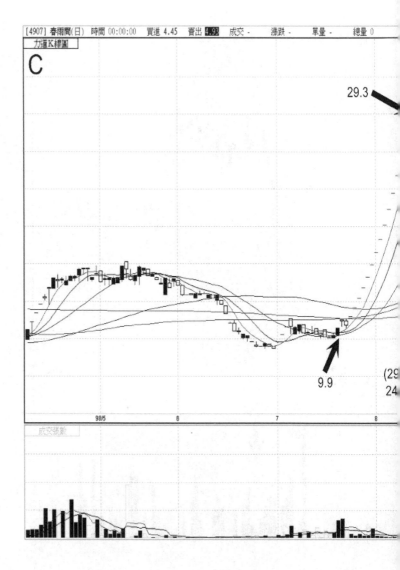

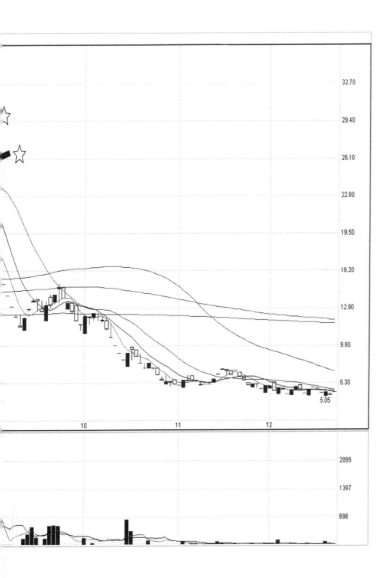

的跳空跌停，最終還殺到 5.05 元，不但賺不到錢，還倒貼一大筆呢！

四、多頭抗漲股，空頭必抗跌？

很多人在多頭時，買了抗漲股，期待它有補漲行情，但這是可遇而不可求的。

一旦空頭來臨，有些人往往會有一種自以為是的觀念：

該漲時沒漲，該跌時就不會跌！

證諸歷史經驗，絕沒這回事。

這種多頭抗漲股之所以不漲，一定有其不漲甚至該跌的原因。而之所以沒跌，是因為行情走多，把股價撐住的緣故。一旦行情走空，支持其股價不跌的保護傘消失了，就會開始反應其技術面或基本面的劣勢。不但跌，還領先下跌，不但領先下跌，還會出現大跌，甚至腰斬、腰斬再腰斬呢！

請看圖D華上周K線圖：

圖中加括號的數字，為大盤指數，與華上指數一對照，就可以發現，華上在大盤 9807 左右時，就領先做頭部，9859 時，已從最高的

126

70 元左右下跌至 45.2 元。

　　大盤 9309 之前的前波低點是 7384，證明這期間行情是走多的。但請注意同一時期的華上，完全是抗漲態勢。但當大盤從 9309 走空之後，先前抗漲的華上，立刻自 28.6 元重挫至 2.58 元，整整跌了九成多，抗漲的結果，一旦空頭來臨，沒有不慘兮兮的。

貳、什麼是該拔檔訊號

一、長黑先跑再說

　　行情會出現長黑，代表的意義是，主力站在空方，並大量賣出持股所致。

　　這裡所指的主力是廣義的，泛指有能力影響股價走勢的有錢人。散戶和主力的關係，就好像綿羊群和牧羊犬；綿羊雖然眾多，但通常由極少數牧羊犬引導其前進方向。之所以如此，因為散戶是多頭馬車，而主力則事權統一。所以，方向的決定權在主力不在散戶。

　　主力既然有決定股價方向的主導能力，一旦主力開始不看好多頭，而站在空方時，就會

力道K線圖

D

(9807)
69.7

70.50

(9859)
45.2

(7384)
22.2

97

成交張數

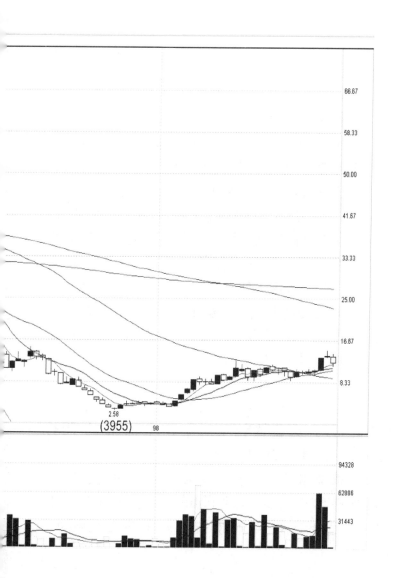

66.67

58.33

50.00

41.67

33.33

25.00

16.67

8.33

2.58

(3955)   98

94328

62886

31443

出現技術面的長黑。這時候，身為散戶者，就非跑不可了。99 年 1 月的這波大回檔，即可證明，和主力同步、同方向操作，才是聰明之舉。請看下面的實例：

96 年 7 月 26 日那天，盤中最高來至 9807，從遠期來看，這波行情是從 2006 年 7 月 17 日 6232 漲上來的；整整走了一年多一點的多頭，漲幅 57.3%，漲點 3575。從中期來看，是從 2007 年 3 月 5 日的 7306 漲上來的，也已走了將近五個月的多頭，漲幅 34.2%，漲點 2501。無論從遠期、中期來看，都是個很明顯的多頭市場。

前面提過，股票市場就是個多空循環，跌多了就會漲，漲多了就會跌。而其最重要的由多變空的轉換訊號，就是長黑。

9807 那天，大盤收了一根 173 點的長黑，正式宣告，多頭走勢告一段落。行情遂在十七個營業日內，大幅重挫至同年 8 月 17 日的 7987。跌幅 18.5%，跌點 1820。

如果能在 9807 當天，因為長黑而拔檔，就算賣在當天的最低點 9566，賠了 173 點，但至少可避掉 1647 點的損失。如果不賣的話，

若是台指期多單，早斷頭了。若是個股呢？跌幅一定超過大盤，若是投機飆股，很可能就是直上直下的崩盤走勢。

　　同樣的原則再看 96 年 10 月 30 日的 9859 高點，讀者們也許會說，當天不過跌了 51 點，不算長黑，但請再仔細看一下日 K 線圖，連收了三根黑 K 棒，三天內總共跌了 303 點，這絕對是大拉回，也是長黑。若還鐵齒不跑，第四天就給你來根真正的長黑——重挫了 325 點，空頭正式掌握了形勢，一路殺了 2384 點才止住，二個多月的時間內，共跌了 2432 點，跌幅 24.5%，該不該跑？夠明顯了！

　　然而，這二波壓回，相對於 97 年 5 月 20 日的 9309 而言，只能算小空而已，更大的災難還在後頭呢！

　　9309 這波空頭，其實訊號和前二波一樣，都是由長黑引動。如果謹記著長黑就跑的原則，一共可省下 5354 點的損失，幅度 57.5%。

　　這還只是大盤，如果是個股呢？那就不止這個數了！絕大多數個股，在這個大空頭行情的肆虐之下，跌幅都超過了七成，八成以上的

，亦頗不乏其人，超過九成的，更是所在多有，還能不跑嗎？

話說回來，雖然每一次的回檔（拉回再攻）或回跌（走入空頭），通常是由長黑引爆，問題是，我們很難判定，哪一根長黑的結果是回檔或回跌？除非手中持股表現出絕對強勢（技術面和盤面都不受行情影響），否則還是先拔檔為宜。

如果行情只是回檔而已，就會很快在一定的支撐點上止跌，並立即展開反彈，且穿頭再攻一波。

如果行情在預期的支撐點上守不住跌勢，並形成破底慣性時，這就是回跌了。回跌就是走空頭，這時候，早賣的好處就出來了：

見長黑就賣的好處

1.賣在最接近本波絕對高點處，保住利潤。

2.躲掉大空頭走勢，避掉行情重挫的損失。

然而，並不是每個投資人都有這樣的認識

和警覺，甚至還會以為：

行情還會往上走。

而主力大戶就利用一般人的這種心理特點，來個反心理操作——趁你看多時站空方。這種做法，就很像孫子兵法中所說的：

出其所不趨，趨其所不意。

等到散戶們驚覺苗頭不對時，已經跌了一大段，因而陷入兩難，賣嘛？已經被咬掉一大口了，說不定會反彈，於是決定，再看看吧！另一種則是，不賣嘛？如果再跌一段怎麼辦？算了，反正都上了賊船，就和它耗耗看吧！

事實上，這二種反應，都只不過是悲劇的延續而已，因為你又把命運決定權交給了別人，而偏偏股市又是個無信無義，只看輸贏的殺人不見血的戰場。

請看圖E大盤日K線圖：

96年10月29日，行情拉出了根大漲178點的長紅（點中☆所指處），非但如此，盤中最高來到9822，收盤9809，二者都順利突破（穿頭）前波高點9807，多數投資人都吃了一顆定心丸，依股市慣性則，都以為

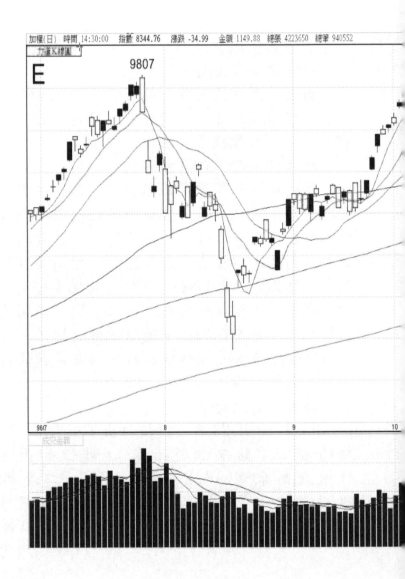

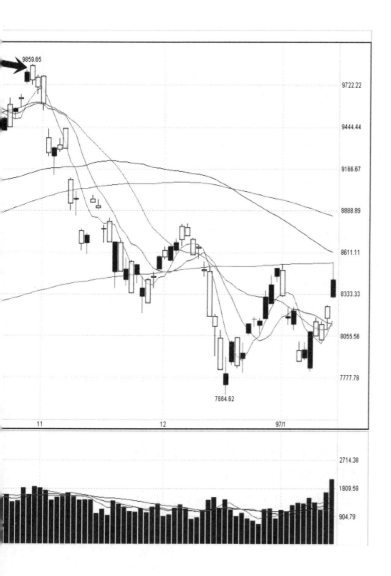

行情至少可再走一波多頭才是。

　　第二天，大盤如大家預期般順勢開出了9854，上漲47點的平高盤，正當大家都期待指數將很快大幅上揚時，行情卻只向上拉高了5點，就立刻壓回了。終場小幅下跌了51點，雖然幅度不大，卻也透露了一個不祥的訊息，當大家都認定會漲卻反而下跌時，通常都是假穿頭真拉回的前奏曲。

　　為什麼會這樣？因為主力大戶和散戶是站在對立面的。而不幸的是，行情大都由主力大戶在主導。在空頭行情尾端大跌時，散戶一定不敢伸手接股票，因為錢少又怕被套。而主力只有在這種情況下，才能買到大量便宜貨，因為他們錢多，且分批接，不怕被套。

　　反之亦然，當行情上漲，且大家都預期還會漲時，主力大戶就會站到散戶的對立面上，你看多，想抱又想買嗎？此時不賣！更待何時？這時候出手，價錢好，又好賣啊！
請看圖Ｆ大盤日Ｋ線圖：

　　9859假穿頭的結果，形成了真回檔，一直殺到7384才止跌反彈。

97 年 5 月 20 日，是馬英九就任總統的大好日子，大家都認為這是個大利多，行情肯定會以大漲一段反應才是。

　　不僅消息面有利多，技術面上更是做好了可能上漲的鋪排，多頭連攻了五天，不但順利突破了前波高點 9194，且前一天還以 97 點的中紅做收，消息面有利多方，技術面更指向多方，接下來，就等著數鈔票了？

　　不料，當天一開盤，只以小漲 14 點的 9309 開出，而開盤價就是最高價。當天收盤大跌了 326 點，這個假突破所造成的真拉回，一路殺至 3955 才止住，總共下跌了 5354 點，很多人損失慘重。

　　為什麼會這樣？

　　原因和 9859 是一樣的，不同的是，前一次是拉回，這一次是回跌走空而已。

　　99 年 1 月 19 日的這波自 8395 的下跌，和前二次 9859 與 9309 的回檔與回跌，依然如出一轍。

　　請看圖 G 大盤日 K 線圖：

　　8395 高點之前，行情走了約十天的橫盤，

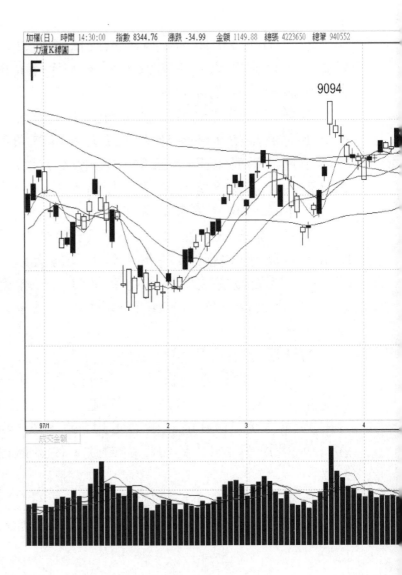

力道K線圖

F

9094

97/1   2   3   4

成交金額

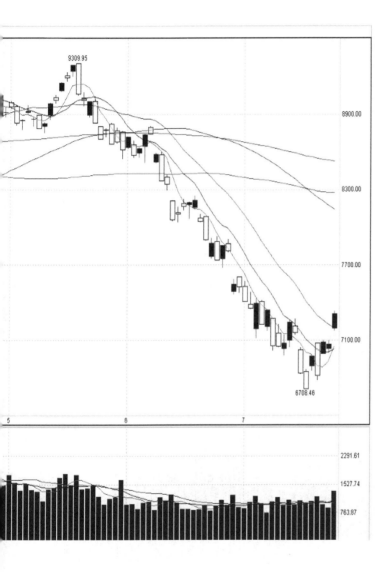

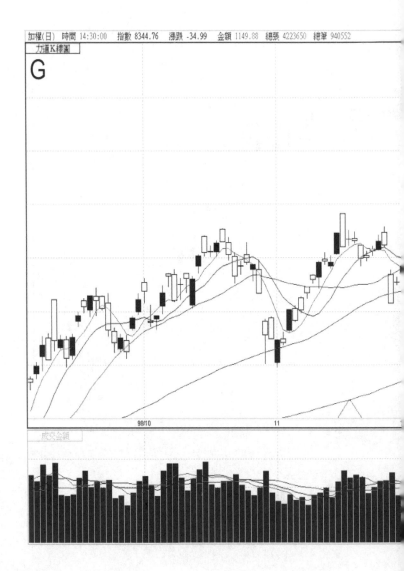

G

加權(日) 時間 14:30:00 指數 8344.76 漲跌 -34.99 金額 1149.88 總張 4223650 總筆 940552

力道K線圖

98/10   11

成交金額

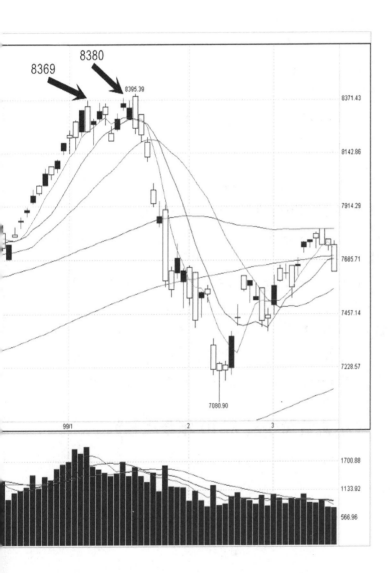

其間有二個重要高點，8369 與 8380。8380 那天，雖然盤中穿了頭，但收盤價則是 8356，未過 8369 高點。但因為上漲了 66 點，技術面收紅，代表主力至少當天還是偏多操作，所以沒有造成真拉回。

但 8395 這天就不一樣了，當天開盤 8387，一舉突破了 8369 與 8380 二個高點，隨後攻至盤中最高的 8395 後，就開始洩底了，行情一路下滑，最後來到 8227，下跌 110 點，收盤 8249，下跌 88 點，跌幅 1.65%，看起來似乎不算特別大？但就技術面而言，卻是一根 138 點的實體黑 K，跌幅 1.64%，這絕對是長黑，行情就此拉回了！十五個營業天內，重挫了 1315 點（至 7080），跌幅 15.6%，這還只是大盤而已，個股跌幅超過三成者，比比皆是，能不先跑再說嗎？

《本文曾發表於 2010 年今周刊》

如何分辨反彈或反轉？

　　反彈是空頭市場的常見用語。

　　當行情走入空頭後，不管是多大的空頭，也不會一路連連下挫、重挫，中間一定會出現上漲的紅K線，甚至小波段的多頭行情，然後又持續空頭走勢，這種小波段的多頭，就叫反彈。

　　反轉和反彈完全不同，小波段多頭會變成中波段，乃至於大波段多頭行情。

　　問題是，反轉的基礎在於反彈，剛開始的技術面都一樣，不同的是結果——一個會讓你高檔套牢而大賠，另一個則是買到低檔而大賺，既如此，要如何分辨是反彈呢？還是反轉？

空頭中的反彈

　　先談反彈。

　　請看圖A大盤日K線圖：

這是國內股市有史以來最大、最恐怖的空頭行情，在短短八個月的時間內，從歷史最高點的12682，重挫至2485。跌點10197，跌幅80.4%。

請注意，即便是這麼慘烈的超級空頭市場，也不是每天都跌、都大跌的，中間也有至少十次以上的反彈，在這波大空頭走勢中，除非買在2485左右，否則都是以套牢慘賠收場。

現在問題來了，既然行情走空，在下跌過程中，為什麼還會出現這麼多讓人上當、上大當的陷阱呢？

為什麼空頭中會有反彈？

簡單言之，股市其實就是個多空的循環，漲多了就是要跌，跌多了就是要漲。不管基本面有多好，技術面有多強，一定脫離不了漲多必跌的宿命，反之亦然。

為什麼跌多了就會漲？

空頭市場的特性，就是價一路走跌，每跌一段，都代表了價格相對於起跌高點變便宜了，這便成為買盤進場的一大誘因，因而造成了

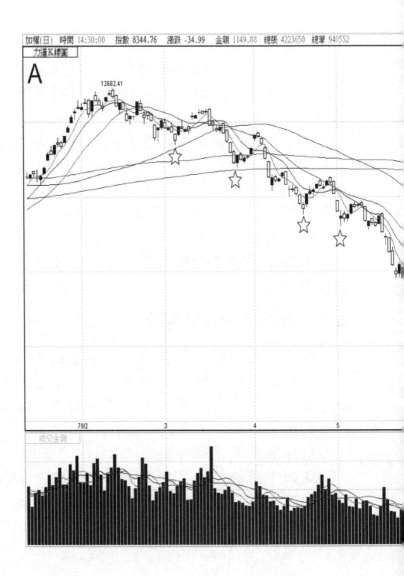

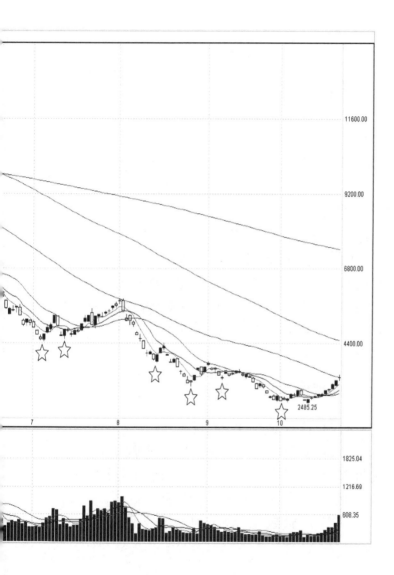

下跌過程中的上漲現象——反彈。

　　然而，認為價格已經便宜而進場的人，畢竟是無法扭轉空頭走勢的少數，因此，小漲一段後，又在更大的賣盤壓制下，結束小小多，繼續其空頭走勢。

　　回頭看圖Ａ，圖中每個☆所指處，都是反彈，除非能買在反彈低點，出在高點，否則，2485之前進場，都是套牢。然而，這種神仙級的操作，一般人是做不到的。

　　12682到2485這波大空頭過程中的反彈，發生在民國79年，距今已有20年。但基本上，這樣的模式仍然不斷在重演，雖然有時會以不同的面貌出現，但萬變不離其宗，反彈究竟只是反彈而已。

穿頭又回頭就只是反彈

　　請看圖Ｂ大盤日Ｋ線圖：

　　這是距離現在（99年11月）較近的一波空頭行情，從97年5月20日的9309開始，五個月之內，大跌至同年11月21日的3955才止住跌勢，跌點5354，跌幅57.5%。

148

請注意圖中 7 月與 8 月的二波反彈，在 7376 出現之前，似乎有形成 W 底的態勢，但為什麼 W 底不成，反而變成 M 頭呢？

　　二個關鍵：7368 與 7376。

　　先看 7368，7368 之前的波段高點是 7270（97 年 7 月 14 日），這個高點，在 7368 的前一天，當天盤中最高 7330、收盤 7309，均站在 7270 之上，根據多頭慣性——一旦穿頭就不許回頭——的原則，第二天，價即應再收高，這個高的意思，未必是大漲，而是指高於 7330。換言之，一個真正多頭行情的啟動，一定要一路向上走，決不能剛一突破就走回頭路，否則就不是真多頭。7368 那天，總算不負眾望，因為 7368 又高於 7330，多頭行情似乎露出一點曙光了，但隔天卻立刻洩了底——大跌了 134 點，一直壓低至 6809 才止住。有趣的是，6809 比前波二個低點 6782 與 6708 都高，似乎空頭的破底慣性不再持續的樣子了！

支撐跌破，就只是反彈

　　6809 止跌後，又展開反彈，九天後的 8 月

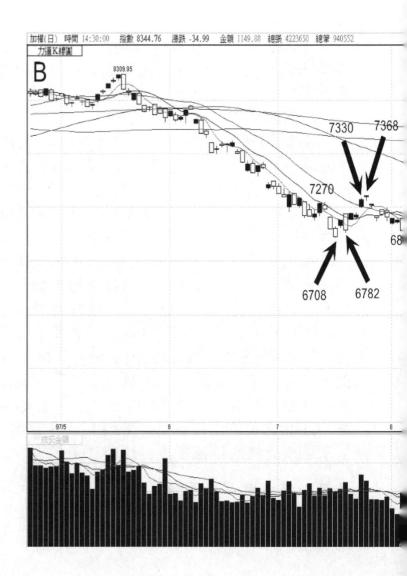

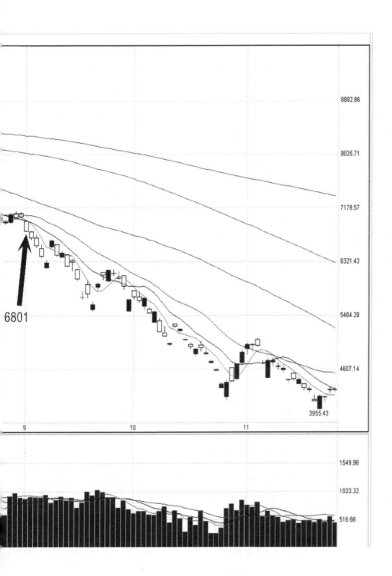

6801

15 日那天，開盤 7376，一舉突破了最近一波高點 7368，只要收盤能站在 7368 這個頸線之上，技術上即形成初步的 W 底，就有可能展開一波漲勢，甚至反轉。然而，7374 開盤後，只向上拉高至 7376，僅僅上漲 2 點後，便立刻拉回，收盤大跌了 129 點，反彈宣告結束。

7376 之後，行情陷入了 10 天的橫向整理，雖不再大跌，但也無力再挑戰 7376。7376 不過，代表行情依然由空頭主導，自然不宜進場承接，向上看沒希望，只好往下看，到第 11 天，也就是 9 月 1 日那天，行情以 6813 收盤，盤中最低 6801，雙雙跌破了 6837 的低點，這時候，可以不必再看 6782 與 6708 二個支撐，已可確定，打 W 底失敗，反彈就只是反彈，準備再跌一波吧！

看到這裡，讀者們可以發現一點：反彈只是反彈的關鍵在於，價雖上漲，但力道不足，無法穿越前波高點（收盤站穩其上），或就算穿越了，卻因力道不足，無法續攻而壓回，進而持續探底走勢。

持續穿頭即反轉

反之，若反彈不但突破前高（穿頭），且形成慣性時，不就是反轉了嗎？

完全正確。

請看圖 C 大盤日 K 線圖：

圖中 6232（95 年 7 月 17 日）是 9807（96 年 7 月 26 日）的起漲點，也是自 7476（95 年 5 月 9 日）走空以來的底部。

然而，6232 出現之後，雖然低點不再現，但我們無法認確，多頭何時展開反攻？因為 6789 這個前波高點擺在眼前，除非能有效突破，否則，任何上漲，都只能暫視為反彈。

6232 之後，行情逐步走高，在 8 月 17 日與 18 日二天，盤中最高都來到 6761 點，雖然距 6232 已有 529 漲點，由於 6789 仍未突破，仍只能視為反彈。一直到 9 月 11 日那天，當天盤中衝高至 6802，不但大漲了 109 點，也一舉突破了 6761 與 6789 二個前波高點，但也只是曇花一現而已，終場只上漲了 0.77 點，收在 6693，還是沒能過關。

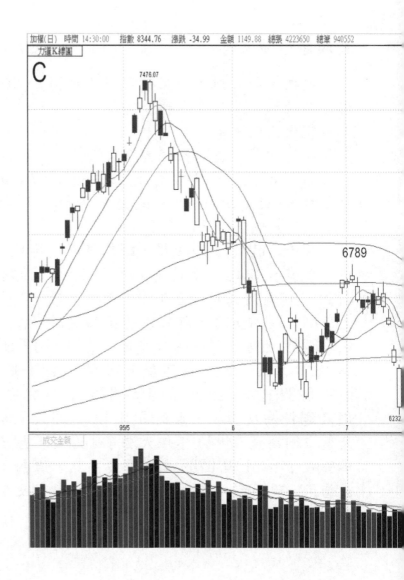

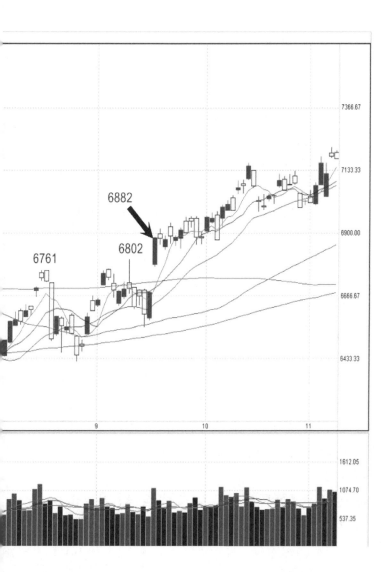

行情真正突破，出現在9月18日那天，當天收盤6882，最高6886，最近一波高點6802宣告突破。

　　6802突破之後，雖沒有快速走高，卻也沒有如6789、6761、6802般立刻拉回，而是以小漲逐漸墊高的方式緩步趨堅，不但確立了6232的底部，也宣告了一波3575點、57.36%的多頭行情的來臨，一直到96年7月26日的9807才暫時打住。

　　6232到9807這波漲勢之後的最新一波多頭——3955～8395，二者如出一轍。

　　請看圖D大盤日K線圖：

　　如同6232一般，3955出現之後，低點未再現，之後，反彈至4567回檔，4567成為之後第一個壓力點。幾天後，指數來到4658，當天收長紅棒，大漲了186點，第二天收小黑，跌了3點，第三天大跌了174點，幾乎把4658的這根長紅吃光，技術面顯示，多頭似乎還沒準備好。

　　經過幾天的橫盤，指數又攻至4750，這是開盤價，一舉突破了前波4658的高點，但開

盤價也是最高價，當天開高走低，以大跌158點做收，多頭還是欲振乏力，導致隔天又收了一根大跌129點長黑。

行情經過幾天休整後，又攻至4817，當天收盤為4789，盤中雖突破了前一波高點4817，但仍只是曇花一現，隔天又收了一根大跌254點的長黑，證明這還只是個反彈，反轉尚未到來。

一直到三月初，圖中☆所指那四個營業日。這四天雖然走橫盤，但每天的收盤，都站穩於前波高點4607之上，多頭似乎已準備好了？

這四天橫盤結束之後，立刻以跳空開高的方式，連續二天站穩於前四天的所有高點之上（圖中☆①所指處），多頭反攻的態勢愈來愈明顯了！

果不其然，第二天的行情最高來到4923，收盤4897，已站穩3955以來所有高點之上，反轉態勢愈來愈明顯，從此，行情走了將近一年的多頭，一直到99年1月19日的8395才止漲壓回。

若從3955起算，漲點共4440，漲幅高達

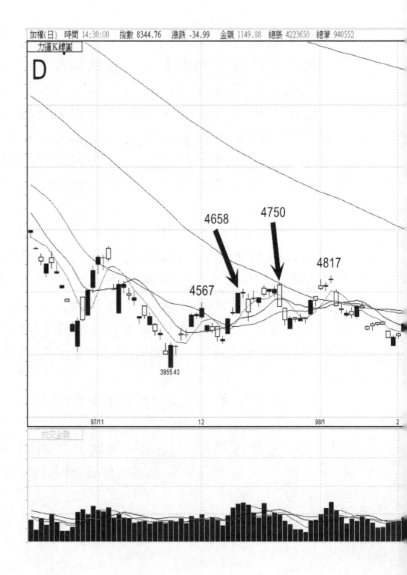

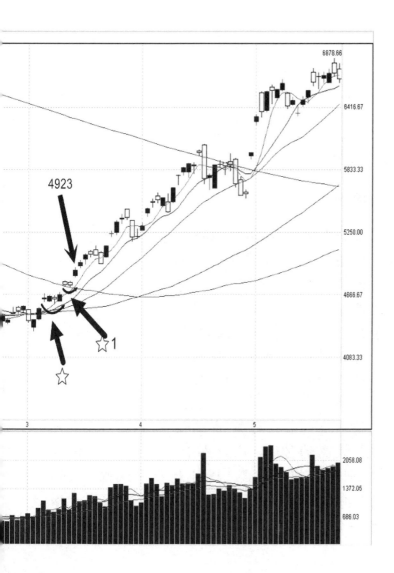

112.26%。若從 4923 起算，漲點 3472，漲幅亦達 87.7%。

上面二個反轉，都是以穿頭與穿頭慣性來判定，好處是安全，不易被套，可買在相對低檔。但也有點小缺撼，距 3955 的底部，少了 968 點的價差。

假跌破操作法

膽子大，資金充沛並勇於冒險的讀者，則不妨採用「假跌破法」（詳細觀念請參考本系列第一集「反向思考法」一書中的「假跌破與假突破」一文，此處不贅），試著去找底部，或有可能買在最接近絕對低點（大底）附近。

請看圖 E 大盤日 K 線圖：

圖中 2485（79 年 10 月 12 日）是 12682 歷史天價以來至今的絕對低點。

請注意 2485 之前的二個營業日，第一天從盤中最高的 2924 殺至 2745，以下跌 149 點收盤，別小看這 149 點，這可是一根跌幅 5.14% 的大長黑。第二天更不客氣，乾脆又來了一根大跌 172 點，跌幅 6.26%，幾近崩盤的大長黑。

連續二天重挫了 11.4%，導致第三天開低 2509，一舉跌破了最近一波低點 2524，這還沒完，不久又立刻下殺至 2485，看樣子，行情又要再大殺一波了？

股市的可怕與可愛就在這裡！

當行情出現突破，大家一致看好行情往上大走一段時，它卻反向下跌，這種該漲而跌，就是所謂假突破，可怕極了。

反之亦然，當行情出現跌破，大家一致認定行情將向下再殺一大波時，它卻反向上漲，這種該跌而漲就是假跌破。

2485 那天，收盤雖只「小漲」了 47 點，其實幅度有 1.82%，但更重要的是，這是一根 111 點的實體長紅棒。

這時不妨以一成的資金進場買在收盤價 2620，如果：

1. 第二天又上漲，加碼二成。

2. 第三天又上漲，再加碼三成。

3. 第四天又上漲，再加碼四成。

之所以要分三批向上加碼，是要觀察它是否出現連續上漲的「穿頭慣性」，如果是，就

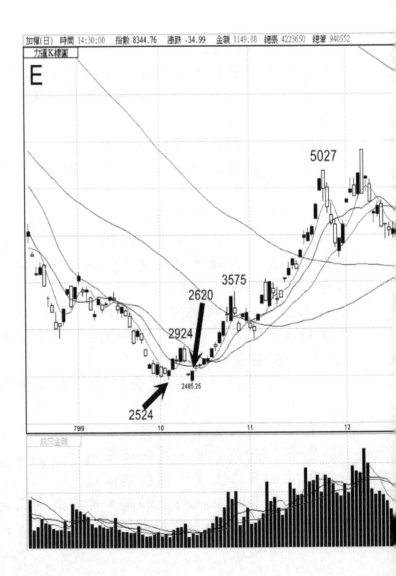

表示多頭來了。

反之，如果第二天是：立刻又壓回的話，可以 2485 為最後停損點，因為投入的資金只有一成，損失極小。

如果押對了呢？那可不得了！

第一波先攻至 3572，可賺 955 點，幅度 36.3%，第二波至 5027 點，可賺 2407 點，幅度 91.8%，請注意，這只是二個月的時間而已喔！

事實上，2485 之後，行情在九個月內，強攻至 80 年 5 月的 6365，漲點和漲幅就自己算吧！

上班族操作法

一般的股市專業投資人，因為可以隨時盯盤，所以，較適合操作飆漲狂跌的投機股。但上班族則不然，因為看不到盤，無法掌握投機股的買賣點，只能就線操作一些穩健型的績優股，既避免了忍受盤中震盪的煎熬，又可較長線持有，其實也不失為一種不錯的投資法。

上班族為何投機股不宜

無論績優股或投機股，其中長線多空走向均無例外地得看大盤臉色。但二者走勢仍有極大差異性，對投機股而言，因為是以籌碼戰為主，在主力還未發動時，往往未能與大盤同步。所以，儘管大盤多頭行情可能已走了一大段，但股價依然不動如山，一旦時機成熟，就會脫胎換骨，一飛沖天。而當飆升行情結束，就很容易陷入長期盤整。就這個角度來看，我們

可以對投機股歸納出三個點來：

1. 投資股不動時，往往落後於大盤。
2. 投機股一發動，往往大幅領先大盤。
3. 投機行情一旦結束，就會陷入長期盤整，一旦大盤開始轉空，投機股就會大跌

請看圖Ａ佶優月線圖：

佶優在90年10月於7.7元落底後，連二個月超級猛烈攻勢，大漲至117元，漲幅高達1445%，驚人極了。而同一時間的大盤，漲幅不過六成多而已。一個多月後，佶優攻抵120.5元天價，遂在高檔進行盤整。又一個多月後，大盤來到6484高點（91年4月22日），佶優從此陷入一段長達八年多的盤整，最低曾來到98年初的3.62元，隨後雖有反彈，但最高不過23.8元，六年多的時間，還是過不了93年的最近一波高點29.8元。可以這麼說，120.5元之後，3.62元之前，任何時間進場，都會被套，而且重套。對以中長線為操作原則的上班族而言，像佶優這種投機股，完全不適合。

對上班族而言，因為看不到個股盤中走勢，無法確實掌握投機股的動向，更不可能在瞬

22.15

23.8

3.62

97   98   99

116.67

93.33

70.00

46.67

23.33

134682

89788

44894

169

間做出多空決策，加上投機股又往往不能與大盤緊密互動，在操作的多空之間，沒有了主心骨，讓人不知所從。所以，對上班族而言，比較妥當的操作方式，不外下列二大重點：

1. 抱的安心。
2. 穩健獲利。

抱的安心的首要條件是：

與大盤同方向

能與大盤同方向，就有了操作的主心骨。只要大盤的大趨勢不變，就可以不必隨時盯著盤，也不必太在意盤中的震盪甚至短線的技術性而壓回，安心地抱著手中持股。

抱的安心只是個基本條件而已，若想穩健獲利，則必須符合下列條件：

比大盤強勢

比大盤強勢又包含二點：

a. 技術面強於大盤。
b. 漲幅高於大盤。

技術面強於大盤，表示領先大盤，領先大

盤才有可能漲幅高於大盤。能充份滿足上述條件，就可以安心抱股了。

請看圖Ｂ網龍與圖Ｃ大盤日Ｋ線圖：

大盤在 98 年 3 月 13 日出現了第一次有效的穿頭（圖中☆1 與☆2）時，網龍則早在二月的 96.6 元出現了首度穿頭。在大盤 3955 這個低點（97 年 11 月 21 日）一直守穩不破的原則下，這是第一個技術上的買點，再對比二者技術面，在當時的大盤還處於均線混亂狀態時，網龍的 5／10／20／60 四條短中均線已接近多頭排列，在這個技術面相對強勢的支撐下，終能脫穎而出，領先大盤展現強勢。

事實上，大盤於 98 年 3 月 13 日有效穿頭之前，網龍早在 3 月 5 日大盤收盤價 4637 時，就已穿了 2 月 16 日最近一波高點的 4607 了，而 3 月 13 日時，大盤高點來至 4923 時，網龍已攻至 153 元，漲幅超過五成，而同一時間內的大盤又漲了多少呢？

即使從 3955 起算，也不過只漲了 24.47%，相對的，同一時間內的網龍，則自 69.8 元啟動，至 153 元時，漲幅已超 100%了，孰強孰弱，

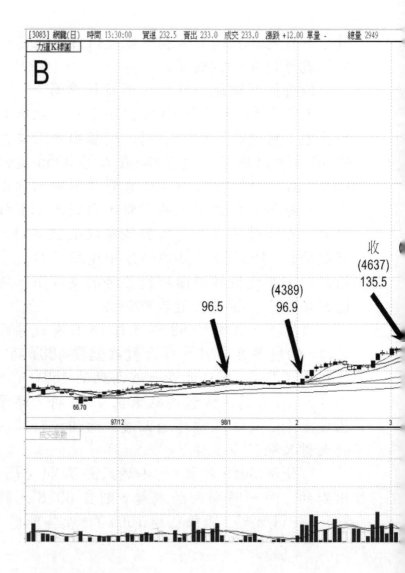

力道K線圖

B

收
(4637)
135.5

(4389)
96.9

96.5

66.70

97/12   98/1   2   3

成交張數

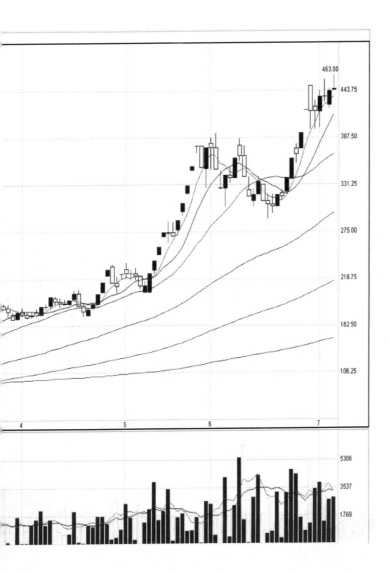

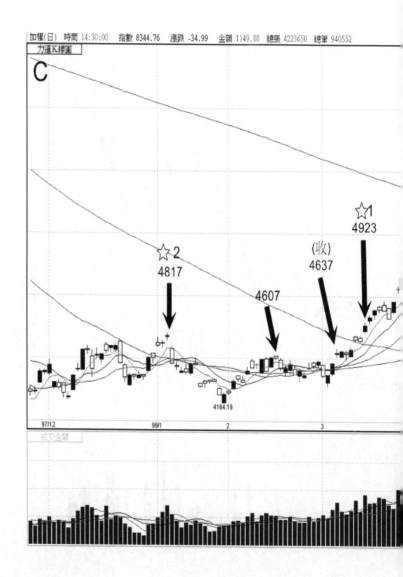

二者獲利差距，立可見矣！

拔檔點

帳面上獲利了，那什麼時候賣呢？

前面說過了，技術面相對於大盤強時買進，反過來說，則是相對於大盤弱勢時賣出了？沒錯！

請看圖D網龍與圖E大盤日K線圖：

無論是多麼強勢的多頭行情，漲升過程中，一定會有技術性的壓回，當大盤壓回時，個股免不了多少會受影響，這時候，拔不拔檔的關鍵在於二點：

1. 絕對強勢，絲毫不受大盤影響，收在最高點，當然不賣！

2. 相對強勢，壓回幅度小於大盤，在距最高價7%的範圍內可以續抱觀望。

回頭看圖E的大盤，在3月、4月下旬，都有技術性回檔，但同一時間內的網龍，影響幅度不大，所以，沒有拔檔的理由。

比較麻煩的是6月上、中旬，這個月份裡，大盤最高為7084，最低6100，回幅13.89%，

同一時間內的網龍，最高 393，最低 290，回幅 26.2%，回幅比大盤整整多了一倍，明顯弱於大盤，是拔檔時機了！

反應快的投資人則可以在 393 元這天或前二天內先行拔檔，理由如下：

1. 378 元的第二天，開平走低收跌停，行情有轉弱跡象，這是個拔檔時機。

2. 第三天開平殺低至跌停，收盤漲停，盤中激震近 14%，若前一天賣掉，今日可再買回，若沒賣，則可觀望，觀望什麼呢？觀望隔天能否續強？恢復其原先的強勁走勢慣性，但第四天依然大震盪，最高 388，最低 350 元，震幅高達 10.1%，而又收了個平盤，仍未能恢復穿頭強勢慣性，這又是個賣出訊號。

393 元那天，還是個大震盪盤，最高 393 元，最低 350 元，震幅 11.43%，而收盤卻殺成 350 元跌停，這是最後一個賣點，若不賣的話，就等著看 290 元了！

賣掉之後呢？還要不要買回來？

買回的條件：盤中再展現出強於大盤之勢

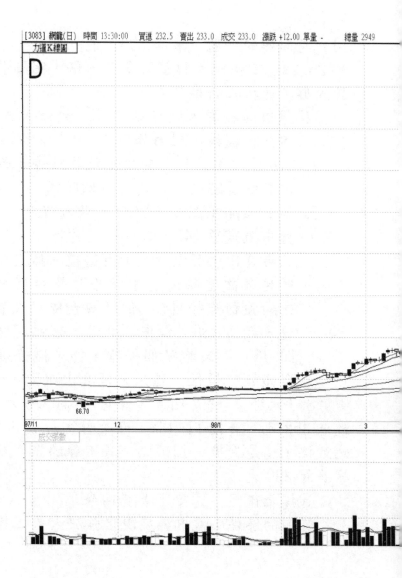

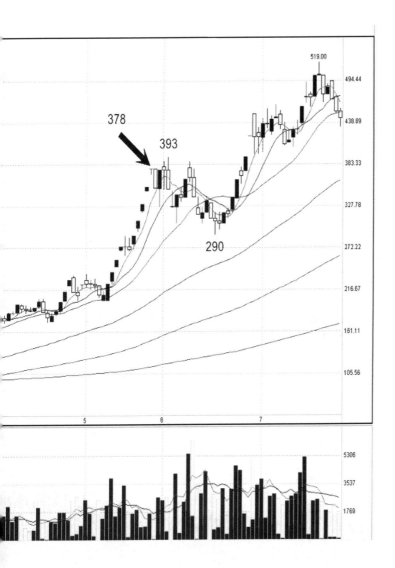

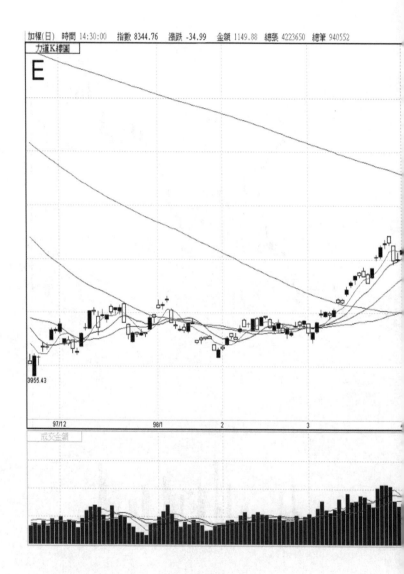

加權(日) 時間 14:30:00　指數 8344.76　漲跌 -34.99　金額 1149.88　總張 4223650　總筆 940552

力道K線圖

E

3955.43

97/12　　　　98/1　　　　2　　　　3

成交金額

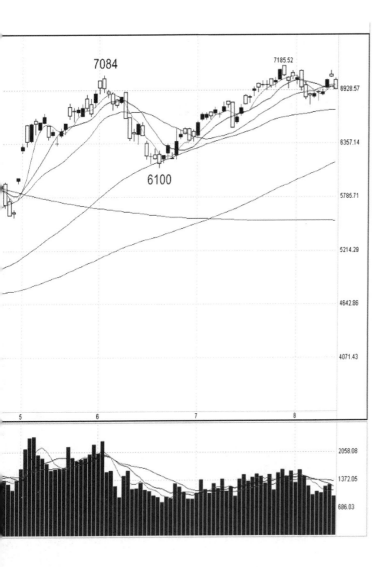

，不妨再買回一半，走勢無法強於大盤時，再賣出。

　　不買回的原因：只要多頭行情持續，就會不斷有新強勢股冒出來，別擔心沒好股可買，也別擔心賺不到錢。

多頭抗漲股空頭必大跌

當行情走多時，個股走勢大約可分為四種類型：

多頭四種類型股

1. 順勢浮沈股

順大盤之勢，大盤漲時跟著漲，大盤回檔時跟著回，當行情結束後，自然順勢走空，整體漲幅與大盤相當，或稍為大些，這種個股，在股市約佔 90%以上的比例。

2. 投機大飆股

利用行情走多之機，大漲特漲，大幅飆升，少則二、三倍，多則一、二十倍也不足為奇，這種個股，數量極少，約只佔 2 或 3%。這是能讓人發達致富的個股，但只有一流高手才逮得到，賺得了。

3. 逆勢下跌股

經營出了問題，即使行情走多，也無助於止住跌勢，這種股在多頭行情中雖不算多，但也不乏其「股」。

4. 多頭抗漲股

行情走多，卻無法順勢藉勢上揚，代表其內部出了問題，只是憑藉大盤上漲之勢，把問題暫時壓住而已，這種股是多頭行情中的大陷阱，而這一點，就是本文所要談的。

錯誤的第一步

芸芸眾生中，先知先覺者總是極少數，絕多數人都是後知後覺者。股票市場中，一復如此。當行情開始走多初期，總有很多人不敢上車，或來不及上車。等到行情愈來愈清楚時，價（含大盤與多數個股）已經漲了一大段了。對眾多空手者而言，讓他去買技術面的相對強勢股不肯，因為市場教育他不要輕易追高，乾脆別買嗎，又不甘心，滿天金條，卻沒有抓到半條，於是便大買還沒有起動其實動不了的個股，因此而踏出了錯誤的第一步。

請看圖Ａ大盤日Ｋ線圖：

力道K線圖

A

7764.06

96/4　　　　5　　　　6　　　　7

成交金額

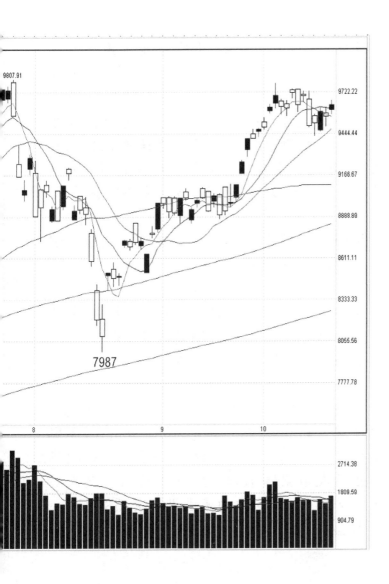

7987

民國 96 年 7 月底的 9087 高點，是一波自
6232（95 年 7 月）漲上來，漲點 3575，漲幅
57.3%，論漲點或漲幅都是一波明確的多頭行
情。別小看這 57.3%的漲幅，這期間飆股可是
此起彼落，隨便舉幾個例子：建達自 8.6 元大
漲至 58.3 元、全達自 20.3 元大漲至 180 元、
農林自 6 元左右大漲至 34.8 元、美德醫自 3.32
元大漲至 17.45 元……。

然而，即便是行情走多，飆股一大堆，但
依然有個股無動於衷。

請看圖 B 大漢日 K 線圖：

大盤在 96 年 3 月初時，指數自 7306 上漲
至 7 月的 9807。但同一時間的大漢，則自 23.3
元「上漲」至 23.85 元，只漲了 0.6 元。

如果你以為大盤漲時它沒漲，就以為會有
補漲行情，為什麼不等它真正發動時再買呢？
那你可就大錯特錯了！事實證明，9807 的高點
到了之後，它還是沒漲。這下好了，多頭時不
漲，並不表示空頭來時，它就會抗跌，全沒這
回事，恰恰相反，多頭的不漲股，空頭必下跌。

大盤在 9807 之後，迅即壓回至同年 8 月

的 7987（見圖 A），跌了 1820 點，幅度 18.55%。而同一時間的大漢呢？則是毫不客氣的從 23.85 元大幅壓回至 12.55 元，跌幅 49.4%，比大盤的 18.55%，整整多跌了 2.66 倍。

別以為這是績庸股獨有的現象，若績優股抗漲，當空頭來時，照跌、照大跌！

請看圖 C 大盤日 K 線圖：

大盤在 97 年 5 月的 9309 頭部出現之前，其實還有一波近二千點的漲幅——自 97 年 1 月的 7384 起動，漲點 1925，漲幅 26%。

請看圖 D 鴻海日 K 線圖：

鴻海可是人人都同意的績優股喔！但對比一下同一時間內的走勢，159 元到 183.5 元，單從數字上看，漲幅 15.4%，比大盤少了 10.6%，但這只是個單純數字，根本看得到吃不到，因為價一直狹幅震盪，最高 194，但大盤當時頭部未現，不是賣點，最低則曾分別壓至 165 及 159.5 元，讓人簡直沒得玩！

鴻海抗漲的結果，在行情自 9309 至 3955 這波大空中，也難倖免於難，自 183.5 大幅下挫至 52.6 元，跌幅 71.3%，比大盤 57.5%的跌

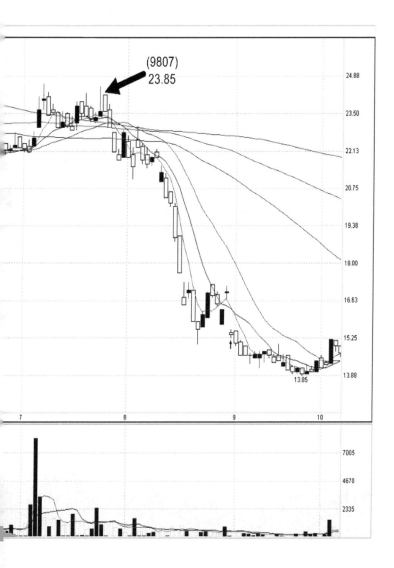

(9807)
23.85

13.85

加權(日) 時間 14:30:00 指數 8344.76 漲跌 -34.99 金額 1149.88 總張 4223650 總筆 940552

力道K線圖   C

7384

96/12   97/1   2   3

成交金額

(9807)
183.5

159.5

208.75

197.50

186.25

175.00

163.75

152.50

141.25

132.50

5   6   7

66180

44120

22060

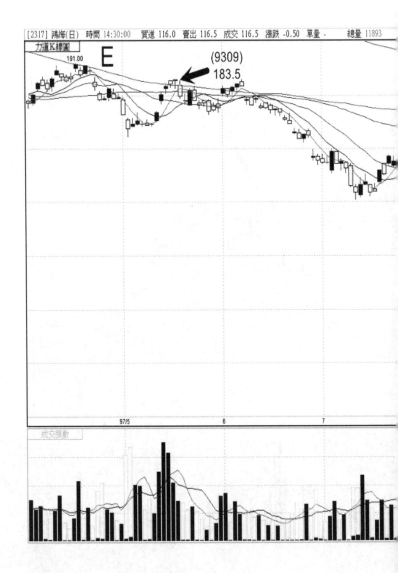

(9309)

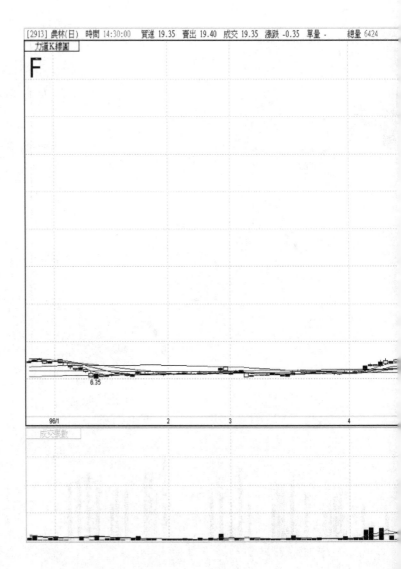

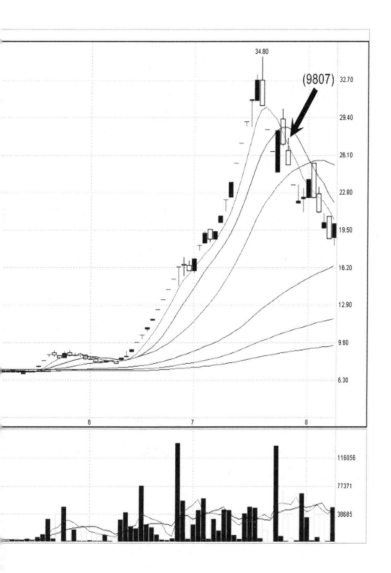

幅，整整多跌了 13.8%（參看圖 E）。

話說回來，多頭行情中，前期、中期抗漲，並不表示它一定不漲，不會大漲，有些飆股，就屬於後發制人型的——到多頭的末端才啟動，這一動，就一發不可收拾，三、五倍的漲幅，可一點也不稀奇呢！

請看圖 F 農林日 K 線圖：

如前所述，大盤從 95 年 7 月 17 日至 96 年 7 月 26 日，整整走了一波自 6232 到 9807 的多頭行情。而這波多頭中，農林是其中飆股之一，漲幅 3.5 倍以上，但請看圖中起飆之前至少五個月，似乎它都處在抗漲期間，然而事實證明，這是個大漲之前的蘊釀期，至於啟動的訊號是什麼，容以後有機會再專文討論。

從前面大漢與鴻海例子來看，我們可以得到二個結論：

1. 行情走多時的抗漲股不能買。

2. 如果多頭行情結束，空頭來臨，抗漲股將是空單出擊最好的標的股。

散戶的輸家心態剖析

股市投資人，粗略可分成兩類：

大戶與散戶。

前者泛指法人、主力、中實戶等對行情有影響力的有錢人。

後者則是一般的小額投資人。

然而，大戶錢雖多，但人數極少，散戶錢雖少，但人數眾多。所以，基本而言，散戶力量應遠大於大戶，但在股市戰爭裡，輸家卻總是散戶；反而力量小，人數少的大戶總是贏家，這究竟是怎麼一回事？

大戶與散戶的競合關係

是散戶的輸家心態害了自己。

任何一個團體裡，一定要有領導人，帶領大家往某一特定方向走。股市一復如此。而大戶相對於散戶，因為經驗多，膽子大，口袋深，

且又有戰略、戰術；更重要的一點是：意志集中，很自然成為主導多空方向尤其是個股的人。

然而，股市裡的投資人，人人以利益為導向，這就產生了矛盾。無形中，大戶與散戶又成了既合作又競爭的關係。由於大戶具有影響並引導股市走向的能力，便一路設局、布陷阱，散戶便一步一步地進入大戶網羅，成了永遠的輸家！

高檔的股市生態

當行情經過一段時間的漲勢，來到一定高檔時，技術面上的多頭態勢會愈來愈明顯：

1. 價持續走穿頭的多頭特性。
2. 均線呈多頭排列。
3. 多數個股普遍大漲，且漲幅大都超過大盤。
4. 飆股此起彼落，遍地開花。

在這種情況下，多數投資人帳面上都處於獲利狀態，此時，多數散戶的心態不但偏多，而且強烈看多，不但持股抱牢，且加碼意願極強。

但大戶們可不這麼想，道理很簡單，行情在空頭尾端的低檔時，散戶不敢買、不願買，是大戶在低檔承接、引導，吸引散戶進場，共同拉抬，才把行情帶上來的，請看圖Ａ大盤日Ｋ線圖：

9309（97年5月20日）到3955（97年11月21日）這波空頭市場中，大部份大戶，早跑光了（關於這點，後面會有解說），但這段空頭走勢中，仍有相當的成交量，這些成交量是誰製造出來的呢？

自然是散戶了！

散戶的悲情宿命

在每波空頭行情中，散戶經常是充當「財富被分配者」的悲劇性角色！

為什麼會這樣？因為：

散戶沒有戰略、也沒有戰術、看不懂線、沒有組織，也搞不清方向，只是一群人云亦云的盲從追隨者，不被大戶痛宰才怪呢！

就因為從9309到3955之間一路輸，最後，信心垮了，手也軟了，乃至於低檔到了，也

204

不敢進了。

　　另一方面，大戶在高檔出脫，大獲全勝之餘，眼看行情又大跌了一大段，又有便宜貨可撿時，於是又進場了！

　　這時候的狀況是，輸怕了的散戶出場了，留下的都是「死守四行倉庫」的「寧死不屈派」，浮額愈洗愈乾淨，籌碼遂因此安定下來。

　　但籌碼安定並不表示立刻要漲、要大漲了，大戶雖然有影響行情的能力，但沒有散戶參與也沒意義，總不能自己和自己玩，否則，拉高以後要賣給誰？要套給誰？

　　所以，大戶此時進場，只是低接而不是追買，目的是要讓價格穩定下來，不再跌，或至少不再大跌，藉此向散戶表達一種訊息：

　　價格已經是穩下來了，再低沒有了！

　　請看圖B大盤日K線圖：

　　圖中顯示，3955低點出現之後，行情陷入了一段三個多月的盤整（97年11月下旬至98年3月上旬），這期間內，股價一壓低，就有紅K線出現把行情拉上來（圖中☆所指處），同樣的，當行情一反彈走高，又會出現黑K棒把它

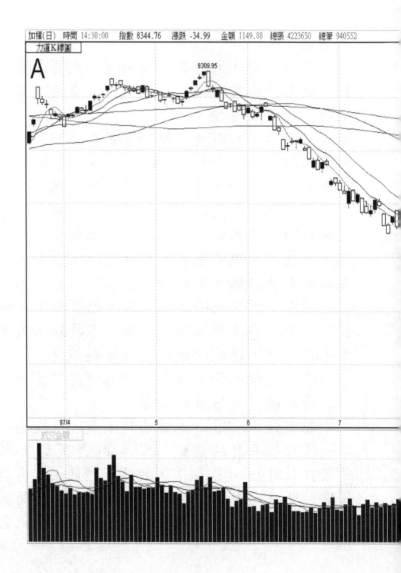

加權(日) 時間 14:30:00 指數 8344.76 漲跌 -34.99 金額 1149.88 總張 4223650 總筆 940552

力道K線圖

A

9309.95

97/4　　　5　　　6　　　7

成交金額

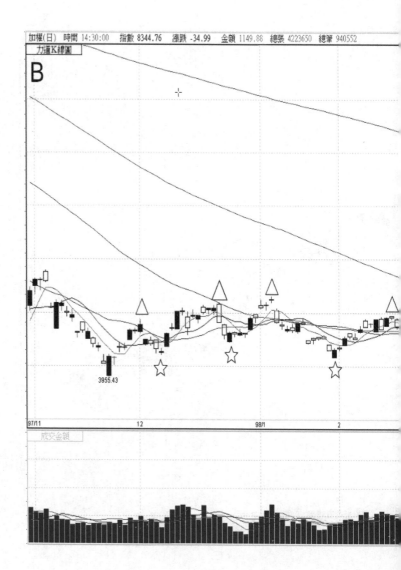

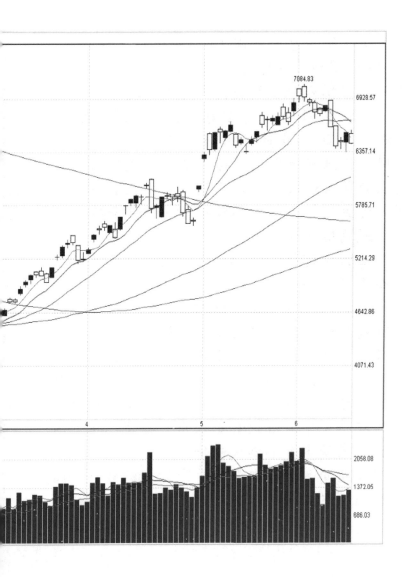

打下來（圖中△所指處），這種價穩（價只小幅波動）量縮（成交量小）持續一段時間之後，原先均線排列全空的技術面劣勢，逐漸扭轉過來，請注意98年3月上旬（☆所指那一天），5日、10日、20日、60日均線出現了匯集，這時候，只要一根長紅棒，就可將這四條均線向上拉開，形成小多頭排列，並從此形成新的股價運動慣性──由盤轉小多，並慢慢啟動一波多頭攻勢。

面對這種行情的轉換，一般散戶又是什麼心態呢？

3955之前，一進場就慘遭修理，反應快的，發現苗頭不對，立刻認小賠拔檔走人。反應慢又不肯認輸的，只有咬牙苦撐。還有一部份人則老想投機取巧，試圖火中取粟搶反彈，結果屢戰屢敗又屢敗屢戰，一直要到老本被咬掉一大塊時，才悔悟認栽走人時，為時已晚，因為已經累積不少小傷成重傷了！

這期間，只有少數先知先覺型的散戶，因為在高檔的9309附近火速走人，不但獲利豐厚，且在空頭行情中全身而退，因為上波操作

成功，較能掌握多空節奏，而敢於在此時追價進場之外，其餘大多數，由於被先前的空頭行情搞怕了，又被這波盤整行情搞煩了，腦子裡還是以空頭邏輯在思考這個已經逐漸質變的盤，還是不敢進場，就算進了場，也只是淺嚐即止。

反觀此刻大戶，已不理會散戶跟不跟了，隨著行情越走越高，技術面越來越好，於是更奮力拉抬，目的是警告散戶，越晚進場，越來越貴，而散戶的心態也很有趣：

低檔盤整時不敢買──怕再度受傷害。

大漲一段後不肯買──怕買貴了，想等回檔。

請看圖C大盤日K線圖：

行情在 3955 落底後，經過三個多月的盤整，終於在 99 年 3 月初，自 4328 啟動，三個月之內大漲至 7084。這期間，共有三次比較明顯的技術性壓回，分別是三月底、四月底、五月中（圖中☆所指處），問題就在這裡，既期待又怕受傷害的散戶，碰到價格壓回時，又開始狐疑，是不是又要走空了？結果還是不敢進場？

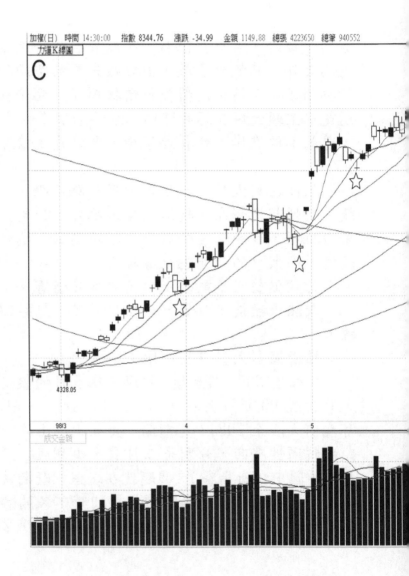

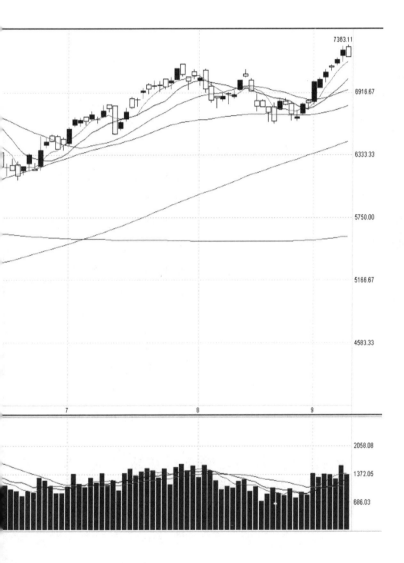

213

請看圖Ｄ大盤日Ｋ線圖：

7084 以後的走勢，基本上是走五步退三步的，多頭的攻勢很不俐落，非但如此，5、10、20 三條短均線，又常處混亂狀態，60 日線又有事沒事跌破一下，這又引起了散戶的戒心，於是只好、只敢小量跑短線，小賺小賠。

大戶們都很清楚，想要吸引散戶進場的最佳武器，就是明快的多頭走勢──連續性的漲勢，這種走法，不但可吸引散戶，且可迅速地將糾纏不清的 5、10、20、60 四條短中均線形成多頭排列，配合本已在下方且呈上揚的 120 與 240 天線，形成全面性的多頭排列。

由於行情屢屢看回不回──拉回後不但不破底，反而又創新高──再加上技術面的絕對性優勢（全多排列），散戶這才放下心裡的一塊石頭，開始全力買進，並對未來充滿信心──期待一波兇悍的多頭走勢時，行情已經進入謝幕階段了！

圖中 12 月下旬的走勢正好印證了這一點，而 99 年 1 月初時，指數已來到 8300 左右，距離 3955 底部，漲幅已超過 100% 以上，就歷

史經驗來看，100%，尤其是大盤一倍以上的漲幅，決不能說還不是高檔，還不夠高檔，這種訊號已暗示了一點──多頭有必要修整修整了。

請看圖Ｅ大盤日Ｋ線圖：

99 年 1 月初起至 8395 高點的這十個營業日內，出現了較大的浪潮，8395 那天，出現了一根 1.65% 的實體黑（8387-8249÷8337=0.165）後

，行情自此一瀉千餘點（至 7080），15 個營業日內，重挫了 1315 點，由於這波走勢又快又猛，散戶一下反應不過來，又慘遭套牢。

7080 之後，大盤又反彈至 8190，距 8395 不過二百點，但就是過不了，相對於上波 9309 至 3955，壓回幅度達 57.5%，這波的幅度不過 15.6%，散戶還不致全面認輸撤退，但自 8395 起算至今（99 年 7 月 23 日），已整整半年，既然套然，就只好繼續耗著，這一耗又只好被大戶牽制住了，這就是散戶悲劇性的宿命了！

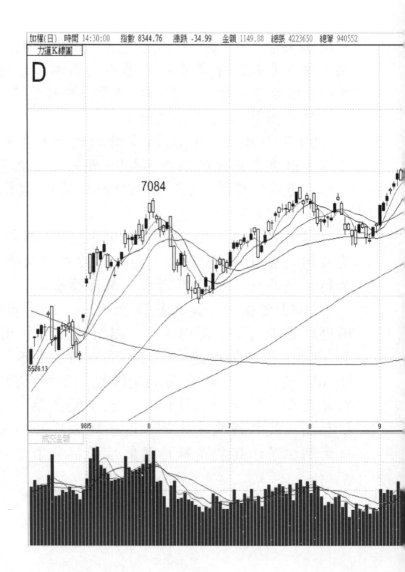

力道K線圖

D

7084

5526.13

98/5　　　　6　　　　7　　　　8　　　　9

成交金額

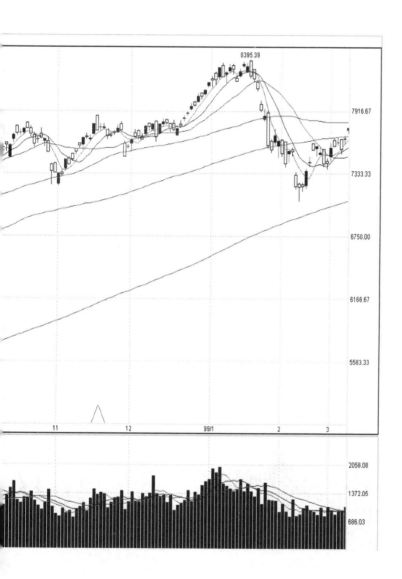

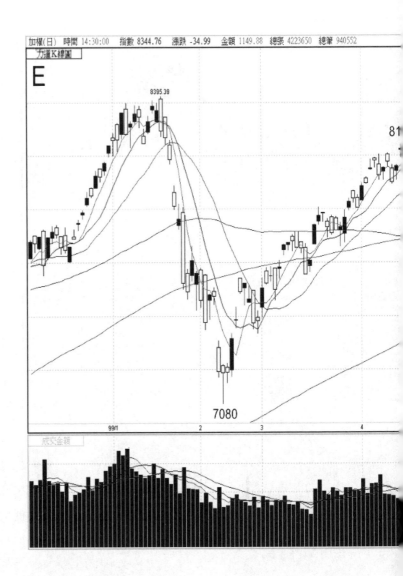

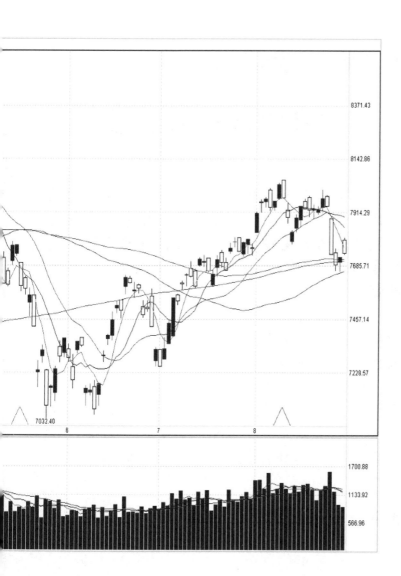

股市輸家七大病　之一

站在大盤的對立面

　　股市輸家七大病，顧名思義，共包含七個項目，但其中兩項：以指標來判斷未來多空與迷思於壓力與支撐，已分別在拙作股市戰略與絕學與本系列①反向思考法中談過了，故此處不贅。

　　在正常情況下，沒有投資人會刻意站在大盤的對立面，與大盤對槓。然而，多數的投資人因為以操作個股為主，盤中只盯著個股的走勢，盤後也頂多看看個股的技術面，很少注意大盤動向。如果是站多方操作，而當時行情又走多頭，還不至於「闖禍」；反之，如果行情是走空頭，而操作又站多方時，「慘劇」就發生了！

忽視大盤後果嚴重

歷史經驗顯示了一點，每當行情走空的時候，很多投資人，套牢的套牢、慘賠的慘賠，甚至斷頭出場的，也頗不乏人。

　　為什麼會這樣？

　　原因只有一點：

　　忽略了大盤對個股的幾近絕對性的影響力。

　　從這個角度出發，可以推演出二點：

　　①只有在行情走多頭時，個股才容易上漲、大漲、飆股才會出現。

　　②反過來說，當行情走空時，個股不但不易上漲，反而容易下跌、大跌。

　　常看拙作、或上過筆者課程的人都知道，筆者向來堅持：

　　股票操作的最高原則就是永遠緊抱大盤大腿。

　　而且堅決反對：

　　選股不選市。

　　至於這一點，筆者已在拙文「股市投資的八大迷思」（已收入新股市絕學①反向思考法）中詳細談過，此處不贅。但筆者在本文中，還

是要提醒讀者們二點：

防禦型股無意義

1. 任何時候，「防禦型」個股都絕對不值得買。

買股票就是買漲或買跌。所謂防禦型，通常是指空頭行情中，本質較好、較不易跌的個股。但不易跌不表示不跌，只是相對較不容易大跌、急跌（連續跳空跌停）而已，但這又如何，買了還是會讓人賠錢，只是比別股較容易脫手而已，請問：這有什麼意義？

請看圖Ａ台塑日Ｋ線圖：

台塑是台股中最具代表性的傳統績優股，向來是外資、法人、中實戶的最愛。但這又如何，一旦空頭來襲，它照樣跌，照樣讓人賠錢、賠大錢。

空頭中績優股照跌

這是9309到3955這波大空頭期間，台塑的技術線型。

從線型上看，這就是一檔市場上所謂的防

222

守型股票。除了前面所提的因素外，它就只是能在空頭市場上「緩跌」——不像別的績優股，會出現連續性的跳空跌停（如 3955 之前的中鋼、鴻海、宏達電）。換言之，台塑在這波空頭中的「防守」能力比別人強，但這其實毫無意義，因為它的跌幅 48.19%，雖比大盤小，比別的個股少，但還是賠了，而且是大賠，這種「防禦型」股票，不但不值得、不應該買，反而要空才是。

再換個角度來看：

只能防便不善攻

空頭市場防禦能力強的個股，一旦行情由空轉多，其攻擊力道也會相對較弱。

請看圖 B 台塑日 K 線圖：

當行情在 3955 落底後，台塑卻在大盤反彈至 4396 時，才以 41.4 元落底，足足落後了一個月。非但如此，當大盤由 3955 反彈至 8395，彈幅 112.2% 時，同一時間內的台塑，則只自 47.45 元至 69.6 元，彈幅 46.6%，連大盤的一半彈幅都不到；不僅如此，這段時間的走勢，

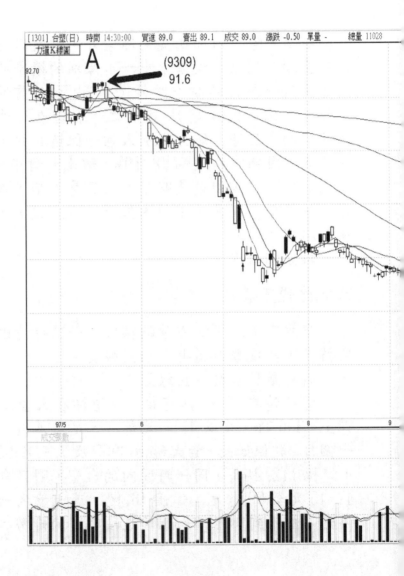

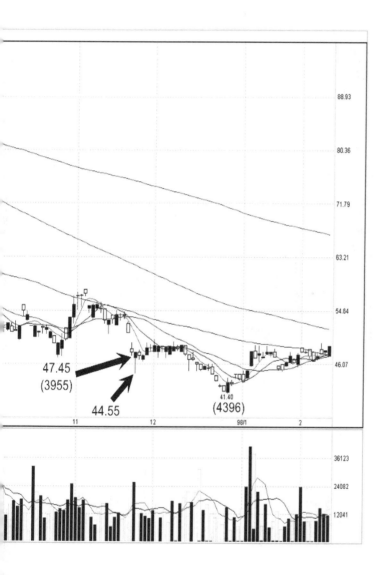

47.45
(3955)

44.55

41.40
(4396)

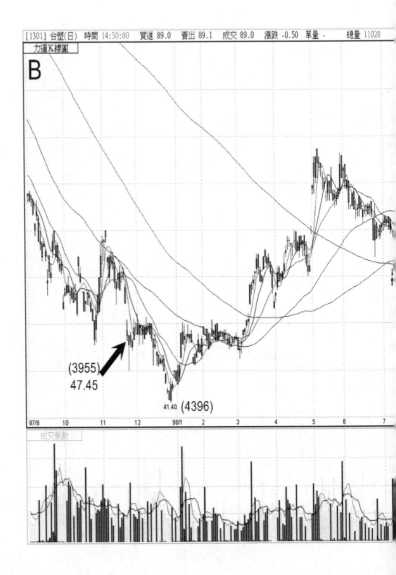

起起伏伏，一點都不乾脆俐落，非常難以操作，如果不幸在 9309 附近或半山腰被套，同時在別股被套的人都已解套，甚至大賺時，卻還在套牢狀態，請問：這是哪門子的操作法？

防禦型股另一弊

防禦型股票這種概念，往往給投資人一種極錯誤又危險的觀念：

隨時都可操作、隨時都可買多單？

事實上，空頭市場宜站空方或空手。

多頭市場則宜買強勢股攻擊股。

就這個意義來看，防禦型股是毫無意義的，就一個特別的角度來看，它站在大盤的對立面！任何站在大盤對立面操作的人，必敗無疑，必慘敗無疑。

孫子兵法上說：「小敵之堅，大敵之擒也。」意思是說：極度弱勢的一方，若還敢對絕對強勢的一方嗆聲，甚至挑戰，必然會被掃滅。個股相對於大盤，前者是小敵，後者是大敵，不管小敵有屬害，一旦碰上了大敵，就好像孫悟空對上了如來佛，縱然有一縱十萬八千里的能

耐，也跳不出如來佛的手掌心。把這概念引申至股市，意思是說，當大盤行情開始走弱時，個股再強，也將很快被拉下馬來。

當孫悟空碰上如來佛

請看圖C彩晶日K線圖：

96年10月26日，彩晶減資後重新上市，當天開盤即跳空漲停，以12.25元鎖死（圖中☆所指處），不僅如此，成交量只有3896張，但漲停掛進量有空前絕後的六百餘萬張，氣勢驚人極了。此後四天，連連強勢演出，而漲停掛進量也一直維持在三、四百萬張以上。按這種強走勢來看，至少得拉個十幾二十根漲停才是？不料卻在第六天，也就是盤中最高的18.9元時即洩了底而快速拉回，這究竟怎麼回事？

問題出在大盤，請看圖D大盤日K線圖：

彩晶拉出第三根漲停時，大盤剛好來到9859的頭部，由於當天只小跌51點，收9757，從技術面上看，頭部並不明顯，所以，彩晶主力依然肆無忌憚地強勢拉抬。

但16.9元高點那天則不然了，當日大盤

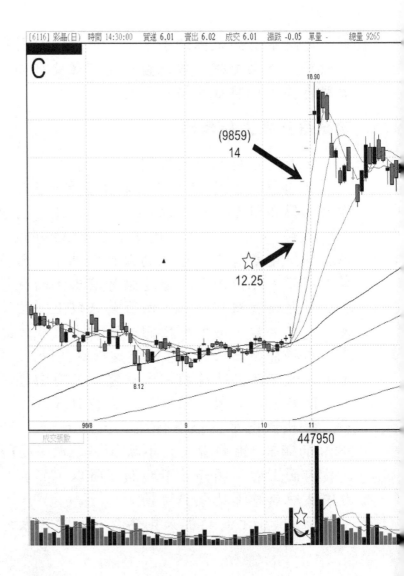

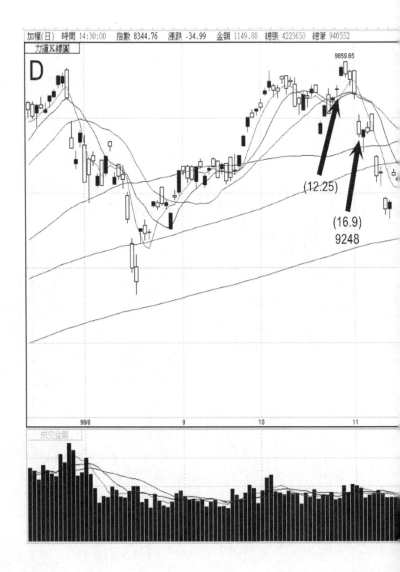

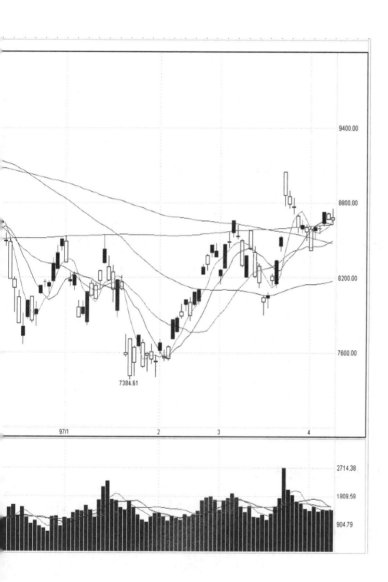

9400.00

8800.00

8200.00

7600.00

7384.61

97/1

2

3

4

2714.38

1809.59

904.79

233

大跌 325 點，收 9245，距 9859 頭部已有 611 的跌點，致使盤中 16.9 元高點站不住，最後收了根十字線，成交也爆出了歷史大量的 447950 張，行情也因此宣告結束。

其實，細心一點的投資人當可發現，16.9 元的前一天，雖然價一如往常的強勢漲停，但已出現了 80093 張的大量，比先前的幾千，最多萬張的量，已放大十幾倍了！而量放大的原因很簡單，9859 高點已現，主力已開始有點心虛怯戰，只是因為投資人追價意願仍強，捨不得馬上出貨下馬而已！

換個角度來看，如果當時的大環境（大盤）不那麼差的話，彩晶很可能因此一飛沖天，大漲個一、二倍也說不定呢？但這都是假設說法，已無多大意義，但可以肯定的一點是，個股走勢再強，若沒有大盤走多的掩護，其強勢很快會變成強弩之末。

小型飆股也頂不住

談到這裡，也許有會說，彩晶是資本額 540 億的大型股，如果是小型飆股，就比較不容易

受大盤走勢的影響了！好，那就找一檔較低價小型飆股來檢驗一下吧！

請看圖 E 建達日 K 線圖：

建達完全符合小型飆股的條件：

①股本只有 8.82 億元，這是小型。

②歷史天價 58.3 元，地價 5.1 元，這是低價。

③96 年 1 月上旬時，曾在二個月左右，自 10 元不到的價格狂奔至 58.3 元，這是飆股。

但這又如何，面對大江東流，它也頂不住大潮流而順勢回流啊！

圖中建達自 98 年 12 月上旬，分二波上漲，第一波自 15.65 元啟動，當天大盤最低為 7704，但終場大漲了 124 點，第二天跳空漲停，第三天開高走高收漲停，第四天開高 19.95 元而走低收 18 元，是根 10.2% 大長黑，因為當天大盤大跌了 119 點，這是建達受到大盤牽制的明證。

第一波漲勢結束後，建達進入了十天左右的整理期，由於大盤行情仍處多頭架構，遂又由 18.05 元啟動，展開另一波攻勢。這次的攻

E

力道K線圖

(8283)30.65

(7829)
19.95

18.05
(7928)

15.65
(7704)

14.25

98/10   11   12   99/1

成交張數

擊又急又猛，連續拉出八根漲停，而且是每天跳空，不可不謂之為飆股。然而，30.65元那天為何會開高走低，開漲停殺跌停？是因為當天大盤雖收紅，卻是一根開高走低的實體長黑棒，主力見短線漲幅已大，不敢硬撐，順勢拉回整理並觀後效，結果大盤並未回檔（參看圖F大盤日K線圖），於是又在25元那天介入，當天拉漲停，第二天依然如是，但第三卻又開高走低，道理很簡單，因為這天是大盤8395的頭部，技術面拉出了一根88點中黑，主力不敢逆勢操作，立刻在盤中拔腿走人，因而出現了一根近14%的超大長黑。

從日K線上，很難看出這波走勢的強勁度，但五分鐘走勢圖可就一覽無遺了。

請看圖G建達五分鐘走勢圖：

圖中☆所指處，都是漲停板，可以看出來，建達只要飆勢一起，不是跳空漲停，就是迅速拉漲停，不僅如此，漲停後，不但立刻鎖死不動，還有大量的漲停掛進，足見其強勢。

但請注意30.65與30.8元這二天：

①開盤漲停鎖死，並有大量掛進追價單。

②但漲停鎖死約 30 分鐘左右即打開，並迅速殺低，因為大盤已走弱，且有轉空的疑慮，主力發現苗頭不對，立刻出貨閃人所致。

彩晶和建達的例子顯示了一點：

不管飆股有多兇，依然不能、不敢和大盤站在對立面。既然主力都無能、無法與大盤對做，身為散戶的投資人，更要緊盯大盤方向，緊抱大盤大腿了。

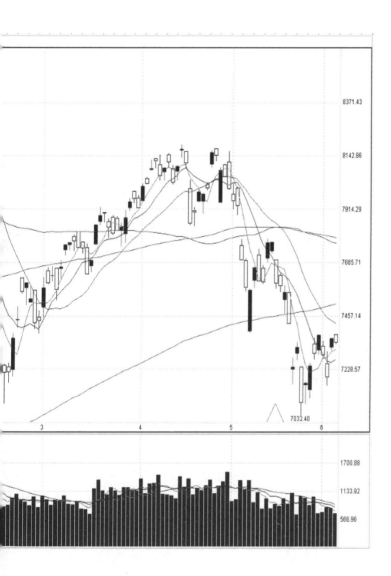

8371.43

8142.86

7914.29

7685.71

7457.14

7228.57

7032.40

1700.88

1133.92

566.96

241

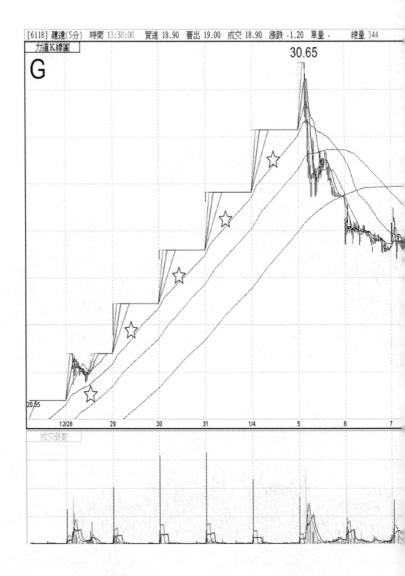

股市輸家七大病　之二

死多頭症候群

　　死多頭症候群的意思是：股票操作只有一個方向——只站在多方。

　　在多頭市場中，站多方操作，絕對是正確的，重點是撰擇良好的切入時機——多頭初起時進場，多頭確認後加碼，然後等待適當的賣出時機。決不宜在大盤已大漲五、六成，甚至一倍時再進場、再加碼，這時候買股票，或許還能賺到錢——只要行情還沒到頂——但成本已比別人高，風險空間也加大。更重要的是，一旦進入震盪整理區，甚至已到頂時，迴旋空間變小，讓操作難度大增。

　　這是多頭市場中的多頭操作，原則上，只是賺多賺少的問題。然而，這種死多頭心態，一旦碰到盤整行情或空頭市場時，麻煩可就大了！

先談盤整行情。

盤整行情的特性

盤整行情有二個特性：

1. 均線排列混亂

多頭行情，尤其大多頭行情的均線排列，一定是 5 日線在最上，依次為 10/20/60/120 日線，最長的年線（240 日）在最下。這是最佳排列，只要看到這樣的均線排列，站多方操作就得了。反之，則為空頭排列。

然而，股市裡，這種漂亮的技術線型出現的時間較少，很多的時候，都呈均線排列混亂狀態。所謂均線排列混亂，是指均線不依上述狀態排列。

2. 價不穿頭也不破底

價不大漲，也不大跌。有時突破前高，卻又站不穩高點而壓回；有時破了前低，卻又迅速反彈。整體而言，價只在一個狹小的區間游走，這是明明白白告訴內行投資人，這是最壞的技術線型，因為它能傷人於無形，所以，最好回家別玩了。

均線混亂

請看圖Ａ大盤日Ｋ線圖：

這是 93 年 7 月底至 94 年 5 月初的行情，請仔細看看它的均線排列是否混亂成一團？以 5 月 18 日（☆處）為例，最高的是 60 日（5993），其次則是 120 日線（5971），依序是 10 日線（5939），5 日線（5925），20 日線（5857），最後則是 240 日線（5855），這還是圖中最右邊的 94 年 5 月的數值，讀者們不妨再往前看，當可發現，之前的均線排列只有更混亂。

價格運動慣性不明確

再者，它的價格運動慣性，則是既不穿頭，也不破底。一上去就有人把它賣下來，一下來就有人把它買上去。偶而有穿頭，也不能成慣性，偶有破底，也不成慣性。無論從均線排列或價格運動慣性的角度來看，在在都顯示出，這是一個標準的盤整行情。

稍有一點操作經驗的人都知道，想在股市

裡賺錢、賺大錢的機會，就是價格大波動，波動幅度越大，只要抓對了方向，就能賺到錢，而盤整行情之所以恐怖，就在於它的波動幅度小，波動幅度小，當然就沒啥差價，既沒差價，哪怕股神也拿它莫可奈何！

累積小傷成重傷

現在，問題來了，絕大多數投資人，都是多頭，而且有許多死多頭，一天不進場就難過，一天手上沒股票就不舒服。所以，即便是盤整行情，也要玩它一玩，結果是，一買就套，一套就砍，一砍就賠，剛開始是小傷，逐漸累積成大傷，最後是重傷出場。

讀者們千萬記得一點：

行情不走多，個股就別想漲，更別奢望有能讓人賺大錢的個股。

即使是盤整行情，也會有盤中強勢股，但盤整行情中的強勢股，通常只有一天行情，極少數也許會有二、三天。今天盤中極強勢的個股，明天一開盤，好點的開個平高，次的開平低，開極低的也不奇怪。不管它怎麼開，反正

6401.81

6366.67

6133.33

5900.00

5666.67

5433.33

3   4   5   6

1248.23

832.15

416.08

249

很難賺到錢就是了，縱使有極少數會開出高盤，但盤中高價決不會久，因為主力大戶這時都只跑短線，有高他就會想獲利賣出賺點小差價，高點價還輪不到一般小散戶呢！

再換個角度來看，盤整行情通常是另波多頭或空頭行情的前奏曲。所以，聰明人只要看行情陷入整理時，就趕緊出場，隔山觀虎鬥，等多空僵持結束後，加入勝利的一方得了。

看到這裡，讀者們也許會問，等技術面確認盤整時，不是要經過一段時間嗎？到時候再察覺盤整時，會不會太晚了？

盤整行情來了

這裡教大家一個提早知道盤整行情的方法：

觀察每天的盤中強勢股，如果七成以上，只強一天，第二天就走弱，就表示盤整開始了，在多頭市場中，強勢股會續強、持強、大漲，在行情走多的保護傘下，主力會有恃無恐地積極操作，一旦主力不敢大舉介入，波段拉抬，就表示他開始短打，因為他看不到明朗的

多頭前景，不敢孤軍深入，既然連主力都不大敢玩，小散戶們還是趕快退出吧！

除了盤整行情還在玩之外，死多頭症候群的另一個毛病就是：

追買逆勢股

空頭市場還站多方操作，並且自以為聰明地追買逆勢股。

所謂逆勢股，指的是空頭行情中的盤面強勢股，尤其是漲停板股。

行情一旦走入空頭，則無可避免的，不但大盤技術面將會是空頭排列，絕大數個股也將難長期自外於其中，當技術面是空頭時，等於告訴內行人，我將是個易跌難漲的行情，可別選錯了邊，而對於有死多頭症候群的人而言，不但打死不退，還會去追買盤中強勢股，悲劇也就這麼發生了！

請看圖Ｂ大盤日Ｋ線圖：

這是個大家記憶猶新的大空頭行情。

股價(加權指數)從97年5月20日的9309啟動跌勢，一直重挫壓回至同年11月21日的

251

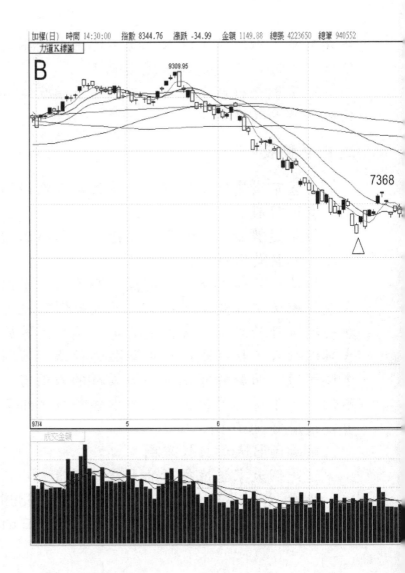

加權(日) 時間 14:30:00 指數 8344.76 漲跌 -34.99 金額 1149.88 總張 4223650 總筆 940552

力道K線圖

B

9309.95

7368

97/4   5   6   7

成交金額

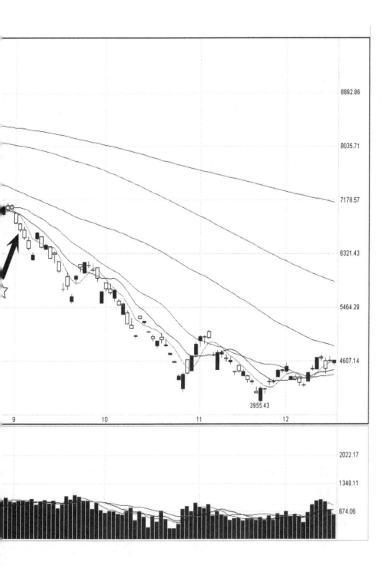

3955 才止住。

盤底不成反成頭

　　事實上，這波空頭走勢在 6 月中旬左右就可確認：

　　①所有的均線全跌破，並很快變成全空排列。

　　②價只破底而不穿頭，標準的空頭行情。

　　③7月中旬到8月中旬雖有反彈，試圖打出一個W底來，但最後失敗了；失敗的關鍵在於，8 月中的高點 7376 雖然突破了 7 月的 7368 高點，但沒能站穩，且立刻連二天拉出了中黑棒。隨後雖又進行了一波近半個月的橫盤，但橫盤後，又從 9 月 1 日起，連出四根黑K線棒，而☆所指那天，又一舉跌破了先前三個多頭辛苦建立的防守據點（點中△所指處），這一來，終於確認了這是一個盤底不成反成頭的空頭行情。

　　這三個訊號告訊我們，這時候的操作，只有二種選擇：

　　①出場觀望。

②站在空方。

而決不宜站在多方操作。

然而，對於有死頭症候群的人而言，不但要做，而且還站多方操作。抑有進者，還要追買盤面強勢股。

空頭中盤中強勢就是陷阱

即使在大空頭市場，每天盤面上還是有強勢股，而且有的盤中走勢還極兇悍呢！問題是，這時候的盤中強勢股，通常是個大陷阱——一進場就只有套牢的份！

請看圖C艾訊日K線圖：

大盤在9309成頭反轉，艾訊也自50.5元高檔回跌，7月時，艾訊順應大盤之勢反彈，也曾出現了三次（天）強勢，但強勢的時間極短，反彈乍現後，立刻又拉回，請注意大盤在8月中曾於盤中穿越7月中旬的高點，但艾訊8月中旬的高點，距7月中之高，已有一段距離，這就告訴我們，這樣的強勢不但沒意義，不值得搶進，反而還是個不錯的空點呢！

此外，9月與10月中旬後，雖又出現了二小

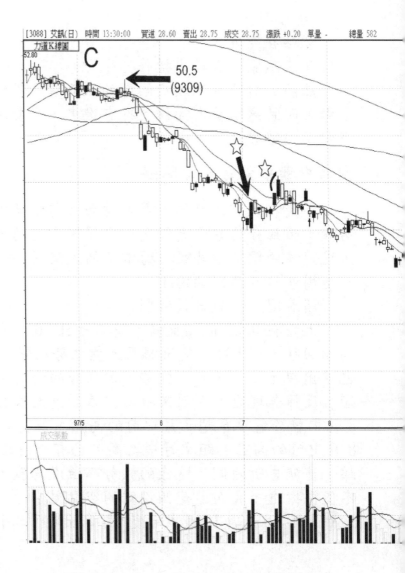

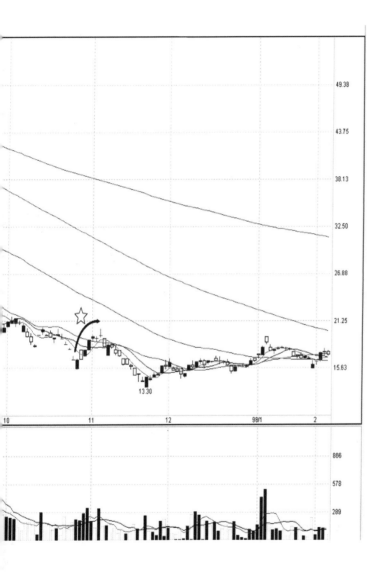

25.5

54.44

48.89

43.33

37.78

32.22

26.67

21.11

15.56

11.90

11   12   98/1   2

2546

1697

849

259

波反彈，但反彈不但失敗，且又破底創新低，在在都證明，空頭市場中的盤中強勢股都不能搶進，不信邪的話，就準備破財吧！

再看圖D華宏日K線圖：

7月與8月中旬，華宏盤勢出現反彈，但因大盤做W底不成，華宏的反彈自然也失敗。值得注意的是，9月底10月初時，華宏也試圖打W底，且在25.5元這二天（☆所指處）連二天出現盤中強勢，但第二天即以長黑洩底，確認了這是一波打雙底失敗的盤底不成反成頭的空頭行情，如果還不肯認錯，認小賠，就等著吃大苦頭吧——行情分二波重挫，一直殺到11.9元才止住，股價狠狠打了46折，更可怕的是，連連跳空跌停，讓人想認輸出場都不行，空頭市場中因為死多頭情結追買盤中強勢股的恐怖，由此可見，能不慎乎！

股市輸家七大病　之三

高檔做多低檔做空

　　股票市場最重要的一個特性就是：
多空循環。

漲與跌是股市循環

　　意思是說：漲多了、漲夠了會跌，反之亦
然；跌多了，跌夠了就會漲。

　　為什麼漲多就會跌？因為價格不斷上揚，
越上揚，越代表東西變貴了，價格變高了。事
實上，當價格變高之後，由於每個人對利潤的
期待不同，胃口不一樣，只要價上漲，就會有
人想獲利了結，因而形成賣壓，價也會因此而
呈拉回。但因為想獲利了結的人畢竟是少數，
還有更多人看好行情，還有不少人或空手或尚
有資金，看到價又呈相對便宜，於是進場站多
方，又把價格抬了上去，如此不斷的循環，形

成了多頭市場的特性。

然而，不管大環境有多好，個股業績有多棒，價格總不可能無止境的往上走，於是，很自然的，價越往上，想獲利了結的人逐漸增加，到了某一天，當大多數人都覺得價格夠高，再漲的機率不大而不約而同賣出的時候，頭部也就因此形成，多空也開始轉換了。

把多頭行情的情況反過來看，就是空頭市場了。

空頭市場就是價格不斷的跌，但價格每跌一段，都會呈相對便宜，便宜就是買盤最大的誘因，因而形成反彈。然而，認為價格便宜，而進場的人畢竟是少數，還有更多人因為對價格不認同而站在賣方，反彈因而失敗，價又繼續下跌。如此不斷循環，一直到有一天，價壓回至某個程度，想認賠殺低的人，殺不下手，放空的人也覺得肉快啃光了，以後應該沒啥搞頭而將空單回補，底部也就出現了。

慣性制約思考

綜上所述，我們可以得到二點結論：

1. 多頭市場就是漲、漲、漲，不漲夠不停。

2. 空頭市場就是跌、跌、跌，不跌夠不停。

而多頭與空頭市場的這種特性，讓很多人無形中被制約了，而悲劇也就因此形成了。

股市老手都知道，價每漲一分進場，成本就多一分，股價越在高檔，越是高風險，而問題就出在這裡！

前面說過，股價走勢就是一種多空的循環。為什麼會有多頭？因為前面走了一大段的空頭，在空頭行情中進行做多，大都是被修理的份，以致當空頭結束，多頭來臨時，很人因為之前的經驗，還在用空頭邏輯面對新起的多頭：

漲不了多久的！不過是個反彈，彈完還會再跌！

這樣的心思，當然不敢、不肯、不願進場買股票，一段時間過了，價漲了一大截，慢慢覺得有點不對勁，又有點不甘心：

先前才xx點沒買，現在價格上來了，我才不買，回檔再說吧！

沒多久，價果然拉回，卻又擔心多頭已結

束，還是不肯進場，結果愈不買愈漲，愈漲愈不甘心，慢慢的，技術面已轉為全面多頭排列，價也愈漲愈多、愈快，這時候，才真正感到昨是今非，於是大買特買，但已經是高風險的高檔，甜頭還沒怎麼吃到，行情已開始由多轉空。慘的是，這時候，又轉由多頭邏輯去看待這個逐漸形成的空頭盤了。

於是，如此的自我安慰：

沒關係，不過是漲多的技術性拉回，還會再漲回來的；不幸的是，多空行情已經轉換，成本與股價越拉越開，但還是不肯對多頭死心，於是又向下加碼攤平，結果愈套愈深，愈深愈不肯認輸……。

請看圖Ａ大盤日Ｋ線圖：

這是一波自3955到8395的多頭行情。

請注意一個重點：

3955出現之後，行情陷入了三個多月的盤整，而3955又是從9309跌下來的，這代表了3955是個低檔，但我們不知道這只是相對低檔？還是絕對低檔？

如果3955跌破，表示空頭還沒走完，當

然不能進場做多，因為破底慣性還沒改變。萬一不小心買了，只要 3955 有效跌破就認賠砍，損失不大。

如果 3955 不但一直不破，反而出現了有效的穿頭呢？那就非進場不可了。

有效穿頭點就在圖中☆①所指處，這個點突破☆②所指的點，在這時候買，價在低檔，至少是相對低檔，不但相對安全，後續的上漲空間也可能大於下跌空間，不是妥當多了嗎？

所謂有效穿頭點，意思是說，前波高點突破後，價從此「北上」，不再回頭了。

萬一穿頭後又立刻壓回呢？這就不是有效穿頭而是假穿頭了，只好認小賠砍了！雖然賠，但不致於傷筋動骨，這總比大漲一大段之後進場好多了吧！

再請看圖Ｂ大盤日Ｋ線圖：

這是一波自 9309 到 3955 的空頭走勢。

空頭初起的時候，因為這是一波剛自多頭轉過來的行情，所以，很多人對這個新趨勢還渾然不覺，還在用多頭舊邏輯思考將來臨的新的空頭行情：

做多被套的人，向下加碼攤平。

結果愈套愈深，一定要等到像 10 月底這種空頭末端行情時，才會猛然醒悟過來！

末端行情就是趕底行情，跌勢又快又猛，由於受不了慘賠，於是把多單出清，並反手做空，開始改用空頭邏輯面對這個盤，但為時已晚，多空又將面臨轉換了！

如果不幸買在 9309 之後或左右，第一個逃命點，就是圖中☆①所指處，因為已經有效跌破了☆②的低點，這是第一次的有效破底點，除非價又突破 9309 高點，否則多頭不宜。

如果 9309 不但一直不過，價反而持續走低呢？那就是更進一步確認了多空的轉換了，當只宜站空方操作，其餘不宜。然而，這話說來容易，做起來卻難，多數人犯的錯誤是，在☆①站多方，而非空方，因為☆①開始破底（跌破☆②）卻因不懂線型，不知道這將是空頭可能將來的警訊，然而☆①的範圍內，雖然已經破了☆②，但價並未立刻下跌，且經常有反彈紅 K，讓人覺得空頭似乎不佔多大優勢，多頭也未必多劣勢，然而，行情走勢往往不如人意

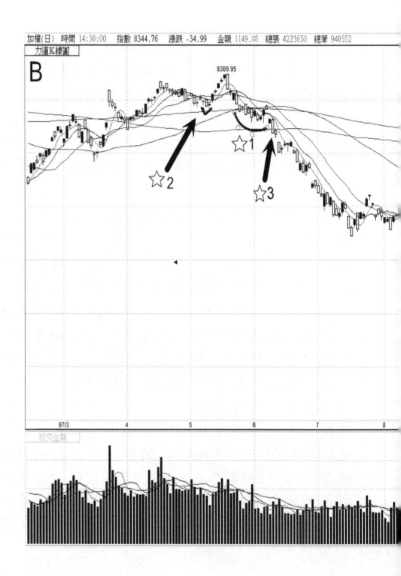

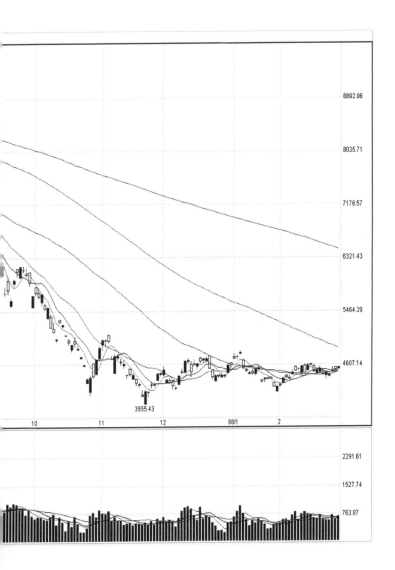

，☆③那天，正式跌破☆①與☆②，由於不懂破底原理，卻依然執迷不誤，一直要等到9月時的再次破底，才驚覺形勢不妙，空頭在主導形勢，由於行情已大跌了一大段，又覺得或許底部將至，自然又不肯站空方，等到10月份行情開始出現急速大挫，才真正下決心站空方時，已經是空頭末端的趕底行情了。

最後的結果是：

做多被宰，放空被軋，兩邊挨耳光。

這是最慘的股市悲劇！

股市輸家七大病　之四

多頭市場買弱勢股

　　多頭市場的個股特性是強者恆強，庸者恆庸，弱者恆弱。

　　一旦行情由多頭市場轉成大多頭市場時，強勢股會大漲特漲，而超強股漲幅更會達到不可思議的程度。平勢股則照樣隨勢浮沈，大盤漲亦漲，大盤回亦回，弱勢股呢？照樣原地踏步，不動如山。

　　很多投資人在多頭初起時，因為被先前的空頭嚇怕了，不敢進場，等到多頭行情確定，越漲越兇時，才驚覺錯過了最佳進場時機，資金才開始大舉介入。

多頭不漲股之弊

　　現在，問題來了！

　　超強股漲太多不敢買，怕當最後一隻老鼠。

剛起動的強勢股也不願買,因為大家都說別輕易追高。

結果自以為是的去買還沒起動的相對弱勢股,期望它能轉強走漲、補漲。

大盤走多的時候,不能隨勢上漲、領先大漲、最終依然不漲的個股,只有三個原因:

1. 基本面不佳。

2. 線型不好。

3. 籌碼混亂。

這三大劣勢,讓法人不願買,主力不肯拉抬,這種大戶不捧場的個股,等於是股市孤兒,單憑散戶的散單,是成不了氣候的,等多頭行情結束,這種股通常會下跌、大跌,讓人徒呼負負!

一個悲劇實例

請看圖A大盤日K圖:

圖中顯示,這是一段自 6232(95 年 7 月 17 日)啟動的多頭行情,這波多頭一直走到圖中的 9807(96 年 7 月 26 日)才結束。這期間,不知出現了多少漲幅以倍計的飆股,反觀這段

A

7306.07

96/3   4   5   6

成交金額

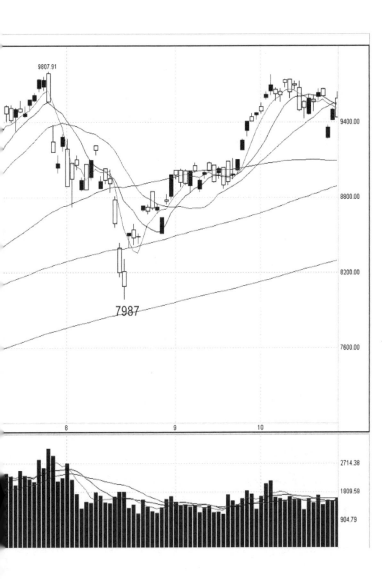

期間的大漢（參看圖Ｂ），對大盤的多頭行情全無反應，如果不幸買了這種股的結果則是：

1.多頭行情賺指數，賺不到差價。

2.多頭結束後，如果沒跑，則大貼差價。

事實上，光從技術面上，就可以知道，這是一檔不能期待的個股。

大漢的毛病出在哪裡？

一言以蔽之，技術面太差了！

請回頭看圖Ａ大盤的技術面：

內行人一看就知道，這是標準的多頭格局：

①均線呈全多排列。

②價呈穿頭慣性。

③回檔不破底。

反觀大漢，就不是這回事了。

1.均線排列混亂。

威力最大的年線不但下彎，而且壓在股價之上，半年線則和其它四條均線糾纏成一團，這種混亂的均線排列方式，股價能漲才有鬼！

2.價既不穿頭也不破底。

價能持續穿頭，代表行情由多頭掌控，就這點來看，大漢的多頭力道偏弱，是很明顯的事。而之所以不破底，是因為大盤走多把價撐住了的緣故。這種多頭行情中還走橫盤的個股，一旦大盤多頭走完，就會馬上洩底。

97 年 6 月 27 日，大盤自 9807 高點壓回後，大漢立刻大跌至當年 11 月的 12 元。

請注意，大盤自 9807 回檔，不過回至 7987，跌幅 18.55%，但大漢則自 23.85 元重挫至 12 元，幾乎打了五折。

你以為大漢只是一時凸槌而已嗎？錯了！這套戲碼又在 97 年 6 月時又演了一次。

請看圖 C 大漢日 K 線圖：

大盤在 97 年 5 月成頭反轉前，其實已先走了一波 1900 點左右的小多頭行情（自同年 1 月 30 日的 7400 點啟動），但看看同一時間內的大漢線圖，完全一副標準的抗漲盤整行情，妙是，當行情跌至 8044 點時，大漢居然還能從 15 元上漲至 18.5 元呢？

看來，多頭中抗跌個股，一旦空頭來臨，不但不會跟著跌，反而還逆勢上漲呢？

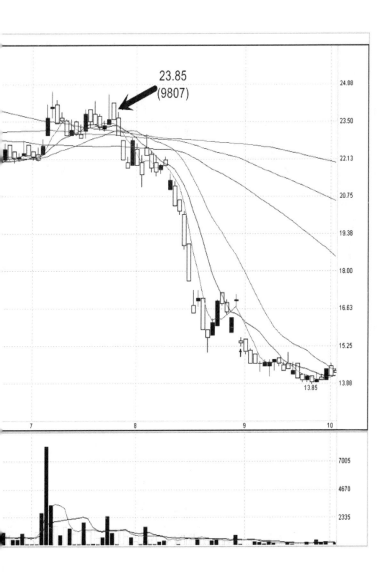

23.85
(9807)

24.88

23.50

22.13

20.75

19.38

18.00

16.63

15.25

13.88

13.85

7

8

9

10

7005

4670

2335

然而，這只是假像而已！

　　18.5 元之後，大漢在大盤走空的牽制下，再也無力上漲，而是自 17.9 元（指數 7416）大幅向下調整，一直大殺至 4 元左右才止住，跌幅 78%，比起大盤 57.5%的跌幅（9309～3955），還多出一大截呢！

　　漲時沒份，跌時領先，這就是多頭行情中弱勢股的宿命。

　　再換個角度來看，如果在多頭行情中追買強勢股呢？那結局可就大大不同了。

　　請看圖 D 全達日 K 線圖：

　　全達自 95 年 11 月初的 29.65 元啟動，到 12 月上旬時，大漲至 162.5 元，隨後壓回至 109.5 元，再反彈至歷史天價 180 元。

　　請注意，全達的這波迅猛走勢，完全在大盤的多頭格局中，它之所以能大漲，完全拜行情走多頭之賜。換句話說，只有在行情走多頭，尤其是大多頭時，主力才敢進場大力拉抬，也才會有飆股出現。不僅如此，多頭市場中的飆股，漲勢與漲幅，往往出人意料之外，所以，除非有明顯的賣出訊號，別輕易拔檔，免錯殺

了金雞母。

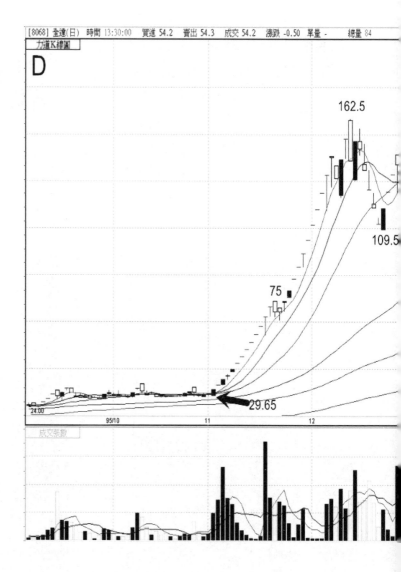

力道K線圖

D

162.5

109.5

75

29.65

95/10　　　11　　　12

成交張數

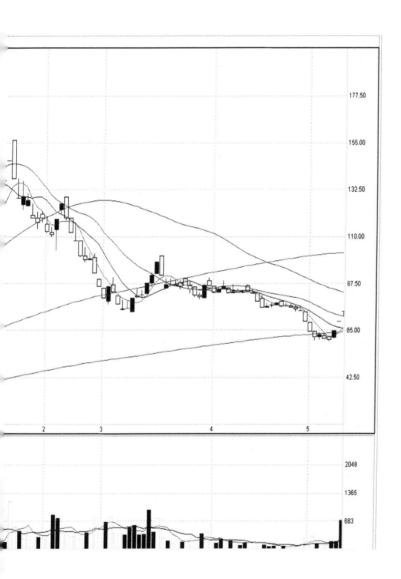

股市輸家七大病　之五

盤整行情還在玩

　　股票市場只有三種行情：多頭行情、空頭
行情與盤整行情。

　　多頭市場就是漲、漲、漲。

　　空頭則是跌、跌、跌。

　　二者的趨勢很明顯，不難掌握，也很容易
賺錢。但盤整行情則不然，漲漲跌跌，漲時不
過前高，跌時不破前低。換言之，盤整行情就
是：價在某一個狹小的區間游走，而也正是這
樣的特性，給人帶來不少麻煩。

盤整的由來

　　為什麼會有盤整行情？

　　因為多空二方的力道差不多，多頭打不倒
空頭，空頭幹不掉多頭；雙方出現了僵持對峙
，而技術面的現象則處於失序狀態。

請看圖Ａ大盤日線圖：

93年3月5日，大盤自7135的點反轉，一直回檔至同年8月5日的5255才落底。經過一番小反彈後，自9月起，陷入了一波長達近八個月的盤整，一直到94年4月21日的5565才又止跌反彈。

請注意這段盤整行情的技術現象：

不穿頭亦不破底

1. 價既不穿頭也不破底。

請看5255之後的四個高點：

第一個高點出現於10月上旬的6135，11月中的第二個高點6088連6135碰都不碰就回頭了，根本沒穿頭；94年1月初的第三個高點6183，雖然首度穿了6088的頭，但一過6135後，立刻又壓回，形成假穿頭，3月初的高點6267，雖然又穿了6183的頭，卻因壓回又形成了假穿頭。這些現象，在在都說明了多頭行情的穿頭慣性並沒有形成。

再看5255之後的四個波段低點：

第一個低點出現於10月份的5597，11月

6267

6298.35
6288.89

6177.78

6066.67

5955.56

5844.44

5733.33

5622.22

5565

5511.11

1248.23

832.15

416.08

底的低點 5722，高於 5597。94 年 1 月下旬的第三個低點為 5734。波段低點越來越高。但請注意，低點愈來愈高，只是消極性條件，只說明多頭有守而已，但能守並不表示能攻能贏。這有點像棒球比賽，投手再屬害，也只能不敗而已。真正要贏，靠的是攻擊，攻擊力道強，才能走出多頭行情，就股市而言，就是穿頭慣性，但穿頭慣性若還未出現，就只能回頭看防守能力了！

看防守能力的目的，是要檢視多頭的抵抗能力。抵抗能力好，才可能發展攻擊能力，有攻擊能力，才有可能穿頭，能穿頭才有可能形成穿頭慣性，一但價形成穿頭慣性，只要站在多方操作，就有機會賺到錢，甚至賺大錢。

請看圖 B 大盤日 K 線圖：

就像穿頭一樣，穿一次頭不夠，至少要連穿二次，最好是三次，才能形成穿頭慣性。反過來看破底，連二次不破，並不保證第三次不破，多頭已可出頭天。果然不錯，94 年 4 月中旬時，終以 5567 跌破前三次的所有低點。看樣子，穿頭慣性不成立，反而有形成破底慣性

的態勢了？沒想到，行情卻在此時出現了戲劇性變化，5565破底之後，反而展開一波反彈，並一路攻至94年8月的6481為止。6481很明顯穿了最近二波高點6480與6401的頭。但6481只是盤中最高，當天收盤為6446，在6480之下，又是個失敗的假穿頭，假穿頭的結果，就是連連破底：5976、5894、5647，一直到5618才又展開反彈。

均線混亂

2. 均線呈混亂狀態：

請對照看圖A、圖B的均線。

多頭市場，尤其是大多頭市場，其平均線是依下列順序由上而下排列的：5日、10日、20日、60日、120日、240日。反之，若是空頭市場，則240日在最上，依序類推，5日線則在最下。

但盤整行情則讓均線排列全亂了套了！呈均線混亂狀態。均線混亂，表示多空行情不明確。大盤走勢不明顯，個股走勢一定也是忽上忽下，道理很簡單，個股走勢，一定受大盤

293

力道K線圖

B

6401

5585.41

94/4   5   6   7

成交金額

（收）
6446

5976

5864

5647

5618

行情影響，大盤陷入盤整，個股走勢一定陷入混沌不明，這種時候介入，一定是追高殺低，在盤整行情中，無論操作個股或期貨，看它漲追高，死路一條，看它跌而殺低，一定被短軋。就這樣地，不斷在錯誤中來來回回，不斷累積小傷成重傷，危險極了！

績優股──盤整就不能玩

事實上，不僅大盤盤整時不能進場操作，即使大盤在多頭市場中，若個股在盤整狀態，也不宜持有。道理很簡單，多頭行情，即便只是一般般的多頭行情，優選股也不少，犯不著去找那種技術面陷入長期盤整的個股，否則，只能看著別人賺錢，自己乾瞪眼而已！

請看圖 C 鴻海日 K 線圖：

圖中顯示的是，99 年 3 月到 10 月，七個月的鴻海技術面圖。

讀者們不妨細端詳，除了四月底至六月初，順應大盤大幅拉回（請看圖 D），而有較明確的空頭走勢外，大部份的時間內，鴻海都處於盤整狀態，請問，這種走勢要怎麼玩？要如何

獲利？

　　但看看它的成交量，再怎麼少，都會有個一、二萬張以上，以其一百多元的高價而言，代表它還是一檔頗具人氣的個股。但有人氣又如何？操作它根本不能賺錢，很多人喜歡操作鴻海，主要是因為它是一檔績優股，然而，內行人都知道，績優若沒有技術面的優勢配合，依然漲不了，漲不了甚至反跌的個股，幹嘛買呢？

　　許多股市老手，多頭時很能獲大利，空頭時，很懂得閃開，但一碰到盤整，往往把賺來的錢吐回去，只有真正的高手，才知道盤整行情不能玩，玩不得，但股市裡的高手，又太少了！

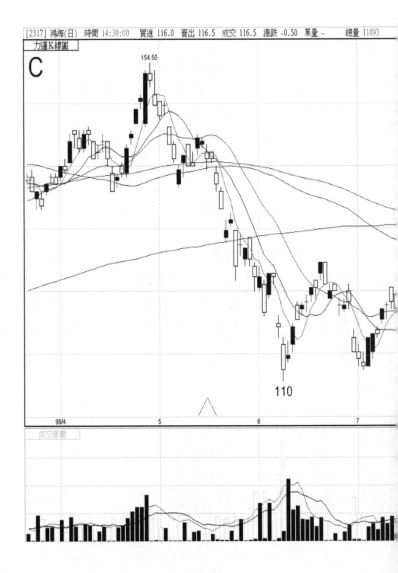

C

154.50

110

[2317] 鴻海(日)　時間 14:30:00　買進 116.0　賣出 116.5　成交 116.5　漲跌 -0.50　單量 -　　總量 11893

力道K線圖

99/4　　　5　　　6　　　7

成交張數

137.5

148.75

140.00

131.25

122.50

113.75

106.00

9   10   11

113259

75506

37753

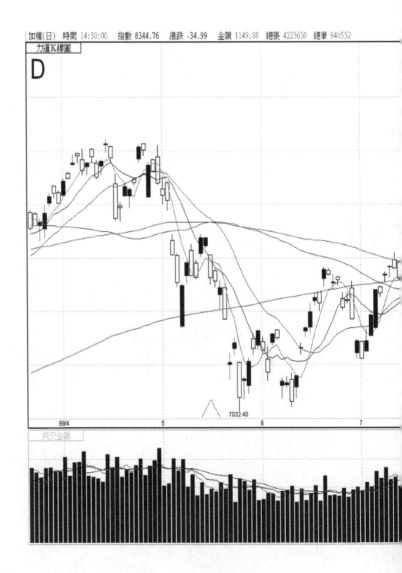

加權(日)　時間 14:30:00　　指數 8344.76　　漲跌 -34.99　　金額 1149.88　　總張 4223650　　總筆 940552

力道K線圖

D

7032.40

99/4　　　　　　　5　　　　　　　6　　　　　　　7

成交金額

談壓低出貨

在一般投資人的理解裡，主力的出貨方式只有一種，就是拉高，然後「逢高出脫」，利潤到手。

然而，做股票可不是單純的紙上作業，即使是主力，也不是想怎麼玩就怎麼玩！因為，把股價拉高很容易，只要有很多錢就行。問題是，股價拉得愈高，就愈不容易出貨，道理很簡單，價格變貴了，若貴過了頭，就會讓買盤卻步，天下沒有人想當最後一隻老鼠，既然如此，計將安出？

以夢想誘多

答案是：

給投資人一個夢！

沒錯，我已經漲了不少了，但還沒漲完，後續還有不少上漲空間，而做法是：

出貨之前，走一段噴出行情。

請看下面圖Ａ宏都日Ｋ線圖：

圖中顯示，連續四波噴出走勢，不斷幫投資人製造「美夢」。但股市裡美夢的後面，一定是惡夢。只是讓人不知何時會出現而已。然而，就在這個虛虛實實之間，主力終究還是出其不意地出貨，漂亮極了！

宏都自98年3月初的4.54元啟動漲勢，請注意，每波漲勢都是走噴出，16.8元這一波，給人的感覺是，價似乎已到頂了，因為整理時間相對於前面三波，時間久些。但我們看看16.8元那天的成交量，顯然並未出貨，所以，主力在第六天又發動新攻勢，當天開平走高，鎖死漲停，隔天即以跳空漲停鎖死走完全場，並有大量漲停追價單，這下子，給了散戶一個感覺：

宏都又將要飆了，於是奮力搶進，但愈想買愈買不到，愈買不到就愈想買，主力見時機成熟，遂於20.35元這天，大量釋出籌碼，成交爆出了9462張波段大量，順利出貨了！

話說回來，不是每檔飆股都能夠這麼順利

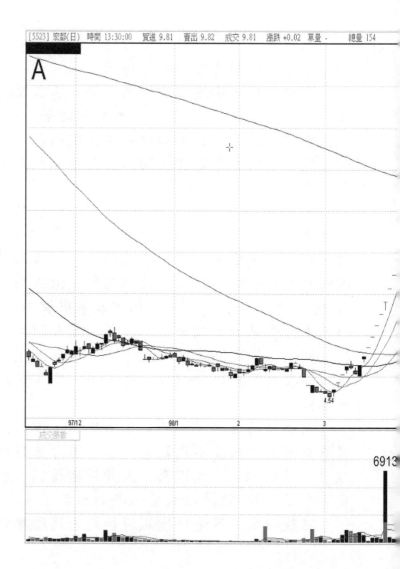

A

97/12　　　　　98/1　　　　　2　　　　　3

成交張數

6913

地拉高出貨的，道理很簡單，你主力高興拉多高，投資人管不著，但認不認同可是在我呢！

拉過頭就向下出

在多頭市場中，有些個股往往會拉過頭——漲太多，多到投資人無法認同，追價意願愈來愈低。這一來，主力很可能會被「掛」在半空中，稍一不慎，就會「摔」得粉身碎骨，於是主力反向操作——壓低出貨。

請看下面圖B建達日K線圖：

建達自95年10日底的9.55元起漲，二個多月內，大漲至58.3元，漲幅高達510%。以其本質而言，確實拉過頭了。然而，主力股打的不是業績戰，而是籌碼戰。現在回頭看，58.3元確實是個百分之百的頭部，因為之後再沒高點了，但當天的量不過5398張，就技術面來看，相對於先前15579與12224張這二天的大量，根本沒出多少貨，為什麼會這樣？

因為投資人都不認同這樣的高價，因此不接手，主力當然不肯就此罷休，於是反手下壓，一連四天，連殺四根跌停（圖中☆所指

處）。四根跌停代表的意思是，股價打了約75折，這給投資人一個感覺，價格相對便宜了，主力因而在43.2元那天，將跌停敲開，當天爆出了歷史天量21205張，主力雖趁機出了些貨，但從技術面看，顯然並不順利，否則往後也沒有49.4元這波反彈了。

43.2元後，又再連殺二根跌停，將價格打至38元，距58.3元，已經出現了20.3元的差，等於股價又打了個65折，隨後又在這個相對低點將價從跌停強拉至漲停，這是給投資人建築一個美夢——我將再起。果然，第二天，價即跳空漲停，看樣子，這個美夢可能是真的喔？

第二天的跳空漲停因為鎖死，一般投資人買不到
，於是第三天（49.4元）即奮勇追價，你想買，我就賣，又爆出了8727張的量，主力又出了些貨了！

股價雖從此逐步下跌，但每天也都有幾千張的成交量，主力就利用這個機會渾水摸魚，慢慢的把貨出掉。

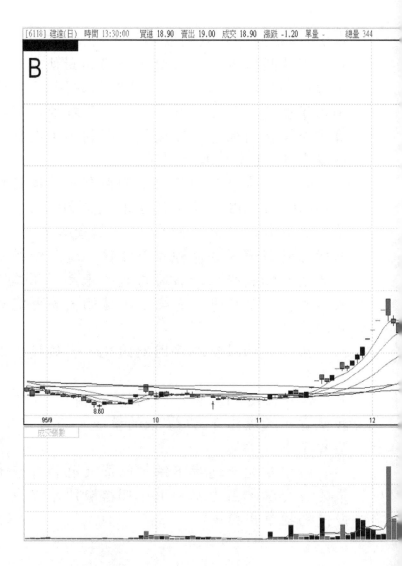

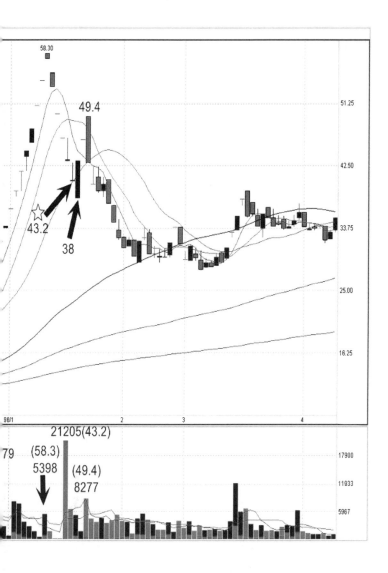

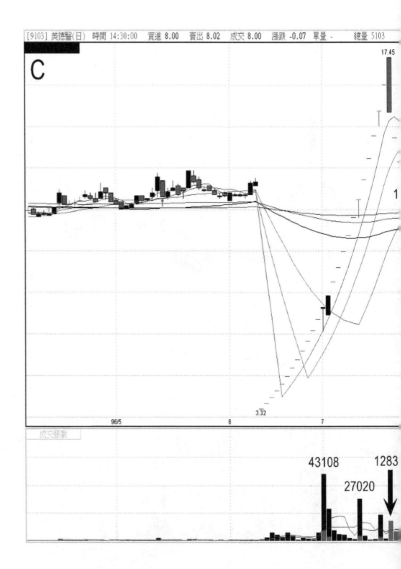

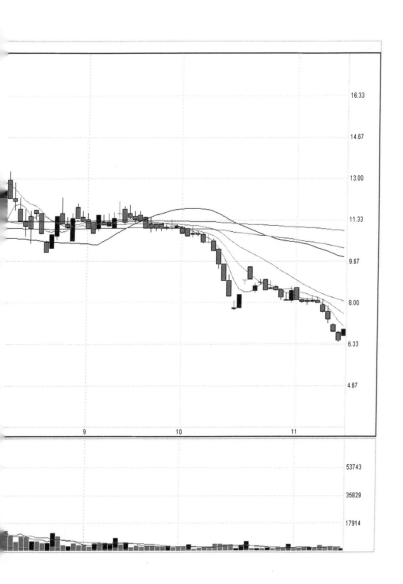

16.33

14.67

13.00

11.33

9.67

8.00

6.33

4.67

9   10   11

53743

35829

17914

說起來有點奇怪，拉高股價是為了出貨，哪有壓低出貨的？

技術面回答了一切

其實，答案就在技術面裡！

看看建達高達五倍多的漲幅，利潤空間實在太大了，往下壓低出貨，雖然賣不到最高價，但除非股價又跌回原點，否則，只要在半山腰以上把貨出掉，利潤還是很厚的，這就是壓低出貨法。

再看另一個壓低出貨的例子。

請看圖 C 美德醫日 K 線圖：

17.45 元頭部那天，量只有 12847 張，相對於前面二個大量 43108 與 27020 張，顯然出貨並不順利。主力採用的手法，和上述的建達一樣，四天之內，連殺五根跌停，然後在 12.35 元那天，以股價短線跌幅已大（17.45 元至 12.35 元，打七折）為由，將價由 12.35 元的跌停強拉至漲停，當天也因此爆出了 63667 張的歷史大量，主力趁勢出貨。隨著股價連二天小走空，主力再藉機出手，從此以後，價雖然

逐漸盤跌，但由於先前漲幅極大（自 3.32 元起動至 17.45 元，共 425%），怎麼出怎麼賺，除非全出在起漲點附近（事實上不可能），否則，主力還是賺飽了！

股市絕學實戰教學 東山主講

為什麼買了就套？
該跑時又不知跑？
為什麼多頭時總賺不到什麼錢？
空頭時還執迷不悟多單抱牢？
為什麼老是望飆股興歎？
而總與牛皮股緣不盡情未了？
為什麼老是選錯了邊？
讓財神爺不肯多看我一眼？

與東山分享私房股市心法
從此揮別股市魯肉腳生涯

第一單元　諸葛亮兵法 ─ 懂就贏的七大戰略
勝兵先勝而後求戰，敗兵先戰而後求勝／孫子·形

壹：股市諸葛亮
貳：股市投資八大迷思
參：股市唯一的老大 ─ 大盤
肆：財神爺在哪裡？ ─ 什麼才是好股票
伍：敵一動我先動 ─ 抓住第一進場時機
陸：技術面決定中長線多空 ─ 業績只是參考

第四單元　順勢藉勢 — 如何探底摸頭
善戰者，求之於勢，不責於人 / 孫子・勢

第五單元　多空行情的聚寶盆 — 飆股操作學
善攻者，敵不知其所守；善守者，敵不知其所攻 /
孫子・虛實

壹：看盤的四個絕招

貳：判斷個股盤中強弱勢五大法

參：盤中選股 — 漲停板操作學

肆：如何從線型找大飆股

伍：飆股一定買得到

陸：績優股操作法

柒：如何甩掉致敗基因

捌：股市輸家七大病

報名方法：請電洽大秦出版社

電話：(02)22117491

傳真：(02)22117493

小班制 每期只收 30 名，前十名另有特別優惠

上課時間及地點：網站公布

網址：www.da-chin.com

上課費用：28,000 元

第二次上課只收 10,000 元，第三次以後 5,000 元

上課時間：每星期六下午 1:30 至 5:30 共五週/20 小時

東山著作／已出版

新股市絕學①
反向思考法
25K / 320 頁 / 定價 280 元

股市戰略與絕學
25K / 608 頁 / 定價 580 元

股市戰略與絕學 II
25K / 416 頁 / 定價 360 元

以上各書均已出版
全台各大書店均售
亦可劃撥 17241221　大秦出版社帳戶購買
詳細內容介紹請看本社網站

新股市絕學②線型在說話

發 行 人：李榮中
著　　者：東　山
封面設計：黃聖文
出 版 者：大秦出版社
網　　址：www.da-chin.com
登 記 證：局版台業字第 5911 號
營業地址：台北縣新店市安民街 65 巷 17 號 2 樓之 2
郵政劃撥：17241221 大秦出版社
電　　話：(02)22117491
傳　　真：(02)22117493
總 代 理：聯合發行股份有限公司
電　　話：(02)29178022
初版一刷：中華民國 99 年 11 月 25 日
定　　價：新台幣 280 元
法律顧問：李亢和律師

ISBN978-957-8833-36-4